幼兒園
課程與教學
探究取向之主題課程

周淑惠 著

作者簡介

周淑惠

現任：國立新竹教育大學幼兒教育學系／所教授

學歷：美國麻州大學教育博士（主修幼兒教育）
美國麻州大學教育碩士
國立政治大學法學碩士（公共行政）

經歷：新加坡新躍大學兼任教授
徐州幼兒師範高等專科學校客座教授
澳門大學客座教授
美國北科羅拉多大學研究學者
美國內布拉斯加大學客座教授
美國麻州大學客座學者
國立新竹師範學院幼兒教育系／所主任
國立新竹師範學院幼兒教育中心主任
行政院農業發展委員會薦任科員

考試：公務人員高等考試普通行政組及格

序

　　筆者一向對幼兒課程與教學頗有興趣，在攻讀博士期間與任職新
竹教育大學期間均以此一領域為研究重點，教學科目也與此一領域相
關。屈指算來，筆者服務於新竹教育大學已邁入第十四個年頭，一向
自認為忠於教學與研究工作的我，每隔一段歲月必埋首統整這段時日
的教學／研究工作，並出版專書，一方面算是對自己的要求與交代，
一方面也作為教學用書，因幼教領域方面的教科書在我國仍為有限，
有待充實。這十四年來共出版四本專書：《幼兒數學新論──教材教
法》、《幼兒自然科學經驗──教材教法》、《幼兒自然科學概念與
思維》、《幼兒教材教法：統整性課程取向》，以及接受教育部補助
主編《幼稚園幼兒科學課程資源手冊》，連同這一本《幼兒園課程與
教學──探究取向之主題課程》，共計六本專書。而此本專書乃為筆
者在面對新紀元時，綜合近三年來的研究成果以及教學、輔導心得，
所省思與意會的心智結晶。

　　本書旨在介紹幼兒園的課程與教學，共分三大篇。第壹篇乃從
「幼兒」與「幼兒園」的角度切入，檢視幼兒園的課程與教學，並探
討「課程」與「教學」的基本概念。第貳篇則揭示本書基本立論──
社會建構論，並從「與新時代共舞」的角度切入，檢視幼兒園的課程
與教學，描繪幼兒園課程創新發展的藍圖──探究取向的主題課程。
至於第參篇的重點在展望我國幼兒園的課程與教學，提出實務上的具
體策略與筆者個人的期許。由於本書在社會建構論下，綜合考量「幼
兒發展與學習特性」以及「培育幼兒適存新紀元教育目標」，提倡一
個探究取向的主題課程，並舉國內外課程／教學實例說明之，而且亦
含括課程／教學設計實務面向，亦即連結課程／教學之理論與實務，

因此實可作為幼兒園課程與教學專題研究、幼兒園課程設計、幼兒園教育實習等大學幼教／幼保科系之參考書籍。

筆者才疏學淺，有的是一番熱情與執著，對於撰寫一本涵蓋甚廣的課程與教學教科用書，可能無法做到完整性與完美無缺，尚煩諸位幼教先進不吝指正。此本專書之所以能出版，要特別感謝這兩、三年支持我進行研究的新竹及幼幼稚園的諸葛負責人及明媛園長，最要感謝的是兩位願意在繁忙教學工作中參與研究的老師──敏娟、婉容，當然也要感謝兩位前後任研究助理──百玲與詩蓓，以及兼任研究助理──純毓、佳燁的資料蒐集工作。

2006 年 1 月 1 日

久雨初見清朗的清晨

淑惠　謹誌

目 錄 Contents

第　參　篇

我國幼兒園課程／教學展望篇

附表目次

附圖目次

第壹篇

幼兒園課程／教學概論篇

第壹篇乃從幼兒與幼兒園的角度切入，檢視幼兒園的課程與教學，並探討課程與教學的基本概念。本篇分為二章，第一章旨在說明幼兒園課程／教學的實施情境，作為本書各章的入門，包括課程與教學實施主體的「幼兒」特質，以及課程與教學的實施場所，也是非常影響幼兒學習與發展的最近社會文化情境——幼兒園環境。從幼兒發展與學習特質——文化情境性、全人發展性、漸序發展性、個別差異性、探索建構性與具體經驗性的分析中，吾人發現一個「探究取向的主題課程」可能是較為符應需求的課程／教學型態。而從幼兒園環境的分析中，吾人歸論幼兒園環境與各層級環境系統間是密切相關的，尤其是與幼兒較近的家庭，幼兒受鄰近社區文化情境的影響至鉅，職是之故，吾人以為園、家必須密切合作，而且課程勢必反映在地特色與優勢，以及教師應當發揮適當的鷹架作用與角色，以促進幼兒發展。

第二章則旨在介紹課程與教學之基本概念，以作為本書各章的基礎。首先論述幼兒園的課程／教學，是泛指幼兒在園中的所有經驗與互動，含括預先計畫與臨時萌發的部分。其次承續上章論述，指出課程／教學在擬訂之初必須在幼兒特性與需求基礎上，綜合考量園所本身目標以及在地特色與優勢，並以培育幼兒具有未來社會生活所需技能為最高宗旨，以創造具有特色的「園本課程」。最後強調任何的課程／教學必須容許師生共同在教室中逐漸生成發展，活出有特色且是與時代之輪共同舞動的課程／教學故事。

幼兒園中之課程／教學——
實施情境章

    本章旨在描繪幼兒園課程與教學的實施情境，包括幼兒與幼兒園，以作為探討幼兒園課程與教學之入門。幼兒是幼兒園課程與教學的主體——幼兒園的課程與教學是專為園裡的幼兒而實施的，幼兒是經驗與感受課程與教學的主要對象，因此了解幼兒的發展與學習特性是極其重要的。而幼兒的發展與學習深受社會文化的影響，欲了解孩子的發展與學習，則有必要了解成人為其所提供的社會情境。除家庭外，幼兒園是幼兒最近、最直接的重要社會情境，同時它也是課程與教學發生的場所與實施環境，實有必要針對幼兒園情境加以了解，因此本章也對幼兒園環境加以探討。

第一節　幼兒——課程／教學之實施主體

    筆者歸納幼兒的特性有六：文化情境性、全人發展性、漸序發展性、個別差異性、探索建構性與具體經驗性。首先，文化情境性揭示幼兒是在社會文化情境中成長的，受社會文化與社會互動的影響至鉅；其次三項特性——漸序發展、個別差異與全人發展性，是幼兒發展上共通的特性；後二項特性——探索建構與具體經驗性，是基於發展所表現在學習上的特性。以上筆者所舉之幼兒特質與美國幼兒教育

協會（NAEYC）於一九八六年發表「適性發展的幼兒教育教學實務」（Developmentally Appropriate Practices in Early Childhood Programs，簡稱 DAP）所主張者，有殊途同歸之妙。DAP 的基本立論為：(1)幼兒的發展是整體性的，其認知、情緒、社會、語文、體能發展是彼此相關、同等重要且共同發展的；(2)幼兒的發展是獨特的，沒有任二個幼兒是相同的；(3)幼兒的發展是循序漸進的，過去、現在與未來是連續交織的；(4)幼兒的學習是建構性的，他總是試圖去了解周遭的世界；(5)幼兒的學習最好是透過操作經驗、社會互動與反省性思考（Feng, 1994; Kostelnik, Soderman, & Whiren, 1993）。茲將幼兒在發展與學習上的特性分別敘述如下。

一、文化情境性

根據 Vygotsky 的「社會文化論」，個人是與其社會緊密連結的，社會文化對兒童的發展與知識的建構扮演舉足輕重的角色，因為任何高層次的思考首先出現於孩子與成人共同活動中的社會溝通，其後才逐漸形成孩子的內在能力；可以說孩子的心智是一個深妙的社會器官，高層次的思考深受孩子的社會經驗所影響（Berk, 1997, 2001; Vygotsky, 1978）。簡言之，孩子的認知是「情境化」（con-textualized）（Berk & Winsler, 1995）。誠如 Bruner（1987）所言，多數人們求知與理解世界的方式是透過與他人討論、協商，是經仲介過程而來的；以及 Wertsch（1985）所指，兒童的經驗若是沒有經文化團體之社會性傳介，就無法在內在認知層次上被理解。既然幼兒的發展與學習實受整個大社會文化情境之價值、信念與觀點的影響，要了解孩子的發展與學習，則有必要了解成人為其所提供的社會情境。而社會情境小自家庭、幼兒園，大至社區、整個社會文化皆屬之。又每個社會情境都有其特殊的文化與價值觀，因此不同社會情境所孕育的幼兒也大不相同，尤其是東西方文化差異所涵濡的幼兒，勢必有所差異。的確，我

們的價值觀、想法深受父母、老師的影響，例如從小我們被教導要敬老尊賢，因此當家中有客人來時，我們會恭敬地稱呼阿姨、叔伯；可是在美國家中有客人來時，直呼父母朋友的名字──Flora、Steven，是司空見慣、不以為逆的行為。也因此在規畫幼兒園的課程與教學時，必須盡量了解並統整考量幼兒的所有社會文化情境，尤其是幼兒的最直接社會文化情境──幼兒園與家庭。職是之故，幼兒園的課程融入在地特色與優勢，強調園、家間密切合作，以及教師為幼兒搭建學習鷹架，乃為自然且正確的選擇。

二、全人發展性

人類發展的重要本質即為整體發展性，個人是一個完整的個體，人的各領域、各部分是相互依賴而運作的（蘇建文等，1991）。大體而言，生理、心理、智能乃構成一個完整個體所不可或缺的三大部分，此三大部分乃共同發展，而且相輔相成、相互影響。筆者將其間關係比如動態對流迴路，極其複雜，有如下圖所示（周淑惠，2002a）。

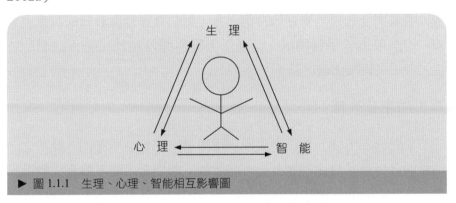

▶ 圖 1.1.1　生理、心理、智能相互影響圖

進一步說明，人的生理影響心理、心理影響智能、智能影響生理、生理又影響心理；反之，心理也會影響生理、生理影響智能、智能影響心理、心理再影響生理……，如此交互影響，持續動態作用。

而就另一方面而言，心理與智能交互作用的結果，也會共同影響生理發展，同時生理發展也會影響心理與智能的發展；生理與心理交互作用的結果，共同影響智能的發展，同時智能發展也影響生理與心理的發展；又生理與智能交互作用的結果，共同影響心理發展，同時心理發展也影響生理與智能的發展，其間關係極其錯綜複雜。總之生理、心理、智能三方面交錯、共同作用，形成了整個個體的樣貌。

個體在各發展領域交互影響的動態作用關係中，不斷地成長，這種以完整個體呈現的全方位發展模式，即為所謂的「全人發展性」。全人發展或完整個體是個體發展的特性，也是幼兒發展的目標，吾人樂見身、心、腦各部分均衡發展的幼兒，而不樂見因某一發展領域的缺失或偏頗，影響其他方面的發展，甚而形成某種程度的「殘障」幼兒。

值得一提的是，幼兒對於事物的反應與學習都是全人全心整體性投入的，他是以他的身體、感覺、心靈、智能整體地與周遭環境活躍互動。例如幼兒玩遊戲時，神情愉悅或手舞足蹈，專心投入遊戲情境；生氣不悅時，身體扭曲或哭泣抽搐，語無倫次或無法思考。就此全人發展與全人投入學習的特性而言，對幼教課程與教學深具重大意義，均衡兼重各學科領域，促進全人發展與符應幼兒全人學習的特性，似乎是極為正確之路。

三、漸序發展性

幼兒的各項能力是從嬰兒期就逐漸發展、日益增進的，換言之，幼兒的發展絕非是從全無至全有的狀態。即使吾人將發展分成數個階段，後一階層的發展也是建立在前一階段的發展基礎之上。例如以動作發展而言，嬰兒先會坐起後，才會開始爬行，其後才能站立走路，最後才發展跑步能力；亦即臥於搖籃中的嬰兒絕不可能在一夕之間突然站立走路，甚或跑步。再以語言發展而言，嬰幼兒一定會歷經喃

語、牙牙學語期的電報字句，才有可能說出完整的句子。再就數學能
力發展而言，在正式算數發展之前，通常會先經歷「非正式算數期」
（Informal Arithmetic），即以自己最直覺、最具體的方式表現算數能
力（參見周淑惠，2000b）。無怪乎當代認知心理學家基於幼兒各項能
力的漸序發展特質，呼籲不要輕忽或低估幼兒的能力，也許他們的能
力不若成人般的純熟精進，卻是在逐漸發展成熟之中，吾人反而應該
看重幼兒的能力，設法為其搭橋連繫（Ginsburg, 1989; Resnick, 1983）
或搭構學習鷹架，引導其向前發展（Vygotsky, 1978）。

四、個別差異性

　　發展有共同的規律，也表現個殊性與差異性，例如個體在發展的
速度上，最後表現的層次，與發展的優勢領域上，往往是有極大差距
的（李丹，1989）。換言之，人的發展充分顯現個別差異性，沒有兩
個幼兒是完全相同的。首先從 Post-Piaget 學派的「特定領域觀」（do-
main specific）而言，每一個個體之發展在各個特定領域內是非常不同
的；而學前幼兒在其豐富經驗之領域中，會顯現精進之推理模式（In-
agaki, 1992）。因此，實在很難發現在各個特定領域的發展上均是完
全相同的個體。而在另一方面，從「多元智能」的角度而言，每一個
個體均有其強勢智能與弱勢智能，表現極大的差異性。進而言之，幼
兒的個別差異性分別顯現在其生理、智能、心理等各方面的發展，亦
即在個別發展領域上均有不同程度或品質的差異性；因此，每一個個
體在綜合數個不同層次的發展領域之交互作用下，不同個體之間的變
異性則更加拉鋸。幼兒既有個別差異性，教學重視個別化，滿足多元
需求與激發個人潛能，成為幼兒教育課程與教學之重要議題。Steels
（2003）在《未來的學習》一書中，即將個別化教育列為未來學習的
六項重要聲明之一，即充分反映其重要性。因此，具有個別角落探索
的主題課程／教學可能是較能因應幼兒個別差異性的課程／教學型態。

五、探索建構性

「為什麼天空會下雨呢？」、「媽媽肚子裡為什麼有小 BABY 呢？」、「為什麼影子是黑黑的呢？」幼兒天生好奇，在平日生活中看到或聽到各種現象，就會不斷地自然發問「為什麼？」，並且一路追問到底，以滿足其好奇心。正因為好奇心驅使，幼兒也會對周遭環境不斷地觸摸探索，一窺究竟，試圖發現答案，所以基本上幼兒不但是個「好奇寶寶」，而且也是一個「知識建構」者。筆者曾提及學前幼兒是個探索者、思考者，以及是一個完整個體所組成的「小小科學家」，即為例證。他和科學家一樣也會使用科學探究的方法，例如：觀察、預測、推論、溝通等，只是有時並不自覺，並且比較缺乏系統性（參見周淑惠，1997a）。又認知心理學家皮亞傑（Piaget）明白指出，個體在認知上具有同化、調適的功能，會試圖自行解決認知上的衝突，使個體在心智上不斷成長；而且在諸多研究上也在在證明幼兒是個知識建構者，例如：幼兒會從直覺經驗中建構非正式算數，以及從前後文與圖的線索中建構文章的大意等。所以幼稚園的課程與教學必須留給幼兒探索與建構的空間，以符應幼兒的探索建構性。

六、具體經驗性

幼兒的學習是非常具體的，皮亞傑將人的一生劃分為感覺動作期、前運思期、具體運思期與形式運思期等四個階段，基本上學前幼兒的思考是偏向具體性與經驗性的，較無法做抽象思考。又，布魯納（Bruner）認為概念理解有三個層次，第一個層次是「操作層次」（Enactive Level），學習涉及了操作活動與直接經驗；第二個層次是「視覺層次」（Iconic Level），學習涉及了視覺媒體的運用；最後一個層次是以抽象符號表達實體的「符號層次」（Symbolic Level）（Heddens & Speer, 1988; Post, 1988）。以學習「$2 + 4 = 6$」為例，操

作層次的學習是指幼兒實際操作二個積木和四個積木，並且把它們合在一起計數，得知總共是六個積木。如果幼兒以看圖片取代實際操作，即為視覺層次的學習；如果幼兒能在心裡運算或以算式「2＋4＝6」表達一組事物，那麼他就是處於符號層次了。布魯納概念理解層次論主要在說明，概念的演化是始於與環境直接互動的操作階段，學前幼兒必先操作具體實物以發展概念，進而提升至以抽象符號表達概念的層次。因此，在規畫幼稚園的課程與教學時，必須念及幼兒的具體經驗性，供給充足的探索與操作經驗，以達有效的學習。

　　綜上文化情境性、全人發展性、漸序發展性、個別差異性、探索建構性與具體經驗性等幼兒特性，一個強調探索性、統整性、建構性、遊戲性、鷹架性、計畫性與萌發性的「主題探究取向課程」似乎是較為符應幼兒發展與學習特性與需求的課程與教學，將於第貳篇探討。

第二節　幼兒園——課程／教學之實施環境

　　本節針對幼兒園——課程與教學發生的場所，也是幼兒最近、最重要的社會文化情境加以介紹，包括它與各層級環境系統的密切相關性，以及反映情境中的主體——幼兒的發展與學習特質所呈現的應然學習環境特色、活動型態與作息等。

一、幼兒園與各層級環境系統之密切相關性

　　由本書所持之「社會文化論」而言，社會文化情境是幼兒發展與學習的主要泉源，影響幼兒至鉅，尤其是與幼兒每日生活關係最密切的幼兒園中的教師、同儕，以及家庭中的父母，是幼兒最直接且最重要的社會文化情境。再就 Bronfenbrenner 的「生態系統論」（Ecological Systems Theory）而言，它也清楚地描繪幼兒與其周遭各層級環境系統間的密切關係，尤其是較裡層的幼兒園與家庭，以及最近、最

直接環境中的老師、幼兒與家長的互動，二個理論其實是相互呼應的。根據 Bronfenbrenner（1979，引自 Berk, 1997）所指，環境是一組巢式的結構系統，層內有層；而人位於環境系統的中心，受最近環境如班上幼兒、老師直接的影響，也受位於較遠、較廣泛的社會文化的影響。這些巢式結構的環境有四個系統——最內部的微系統（Microsystem）、中系統（Mesosystem）、外在系統（Exosystem）與最外部的大系統（Macrosystem）。

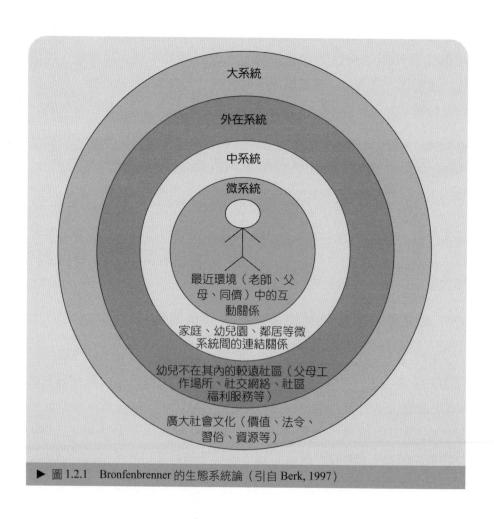

▶ 圖 1.2.1　Bronfenbrenner 的生態系統論（引自 Berk, 1997）

1. 微系統

　　微系統是指離幼兒最近的周遭環境與互動，位於巢式系統的最裡層。在幼兒園中，幼兒的微系統就是同班幼兒、老師的互動情境，每位幼兒均受其微系統中他人的影響，而且每位幼兒也會影響其他人。

2. 中系統

　　位於巢式系統的第二層是中系統，是指家庭、幼兒園、鄰居等這些微系統間的連結關係，它也影響幼兒，與幼兒的發展與學習密切相關。例如幼兒在幼兒園的表現，不僅取決於幼兒園中的活動，它也取決於父母是否有參與幼兒園活動，以及學習狀況帶入家庭的程度；又親子互動受到師生關係的影響，反之親子關係也會影響師生互動。

3. 外在系統

　　位於巢式系統的第三層是外在系統，它雖不直接包括幼兒，但仍影響幼兒在最近環境中的經驗，通常是指較遠的社區。例如父母工作場所的人事政策與制度（彈性上班時間、育嬰假規定等），可幫助父母扮演育兒角色，間接影響孩子的發展。此外父母的社交網絡，如朋友與親屬也屬外在系統，也會間接影響孩子的發展。

4. 大系統

　　位於巢式系統最外圍的是大系統，是指一個廣泛且高高在上的社會文化體系，包括價值、法令、習俗等，它對幼兒在最近環境中的經驗都有影響。例如政府相關法令有關高品質幼兒園規定以及在職父母良好的工作福利政策，會帶給幼兒在其最近環境中較好的經驗。

　　綜合Bronfenbrenner的生態系統論有四項重要特徵：(1)孩子是受到一系列巢狀結構的環境所影響，尤其是位於最裡層的老師、父母互動關係，以及幼兒園、家庭的連結關係；(2)孩子也會影響環境中的人、事、物，即環境與幼兒是雙向影響關係；(3)而環境是動態的且是不斷變化的，如：父母離異、新幼兒加入、轉園就讀等，均會對幼兒形成影響；(4)在實務運用上，可透過對任何一層級環境的介入措施，來改

變對孩子的影響。

　　由生態系統論可見幼兒園無法單獨脫離整體環境體系而生存，它與各層級環境間密切相關，例如：幼兒的家庭、所在的社區、所處的社會等。就此而言，生態系統論對吾人的啟示為：幼兒園的所有政策，尤其是課程不僅要反映系統內幼兒的特質與需求；而且也要盡量反映各級環境生活內涵與需求——家庭、社區、社會，因此課程要符應園所之在地特色與優勢是極有道理的。而家庭、幼兒園是幼兒最近的環境，影響幼兒甚鉅，家、園合作是必須的，也是必然的趨勢；吾人可以透過在中系統的介入——強化各微系統間的整體連結關係，將幼兒園、家庭、鄰里結合在一起，共同為教育幼兒而努力。更重要的是，在幼兒園中與幼兒最直接互動的微系統中的老師、同儕，在師生共同建構歷程中扮演極重要角色，是幼兒最直接的社會文化情境，高度影響幼兒的發展與學習；作為一個幼教老師，一定要記住自己的一言一行對幼兒的高度影響力，以及自己在幼兒建構知識上的重要鷹架角色，這也是吾人不斷呼籲合格幼兒教師的必要性。此外，幼兒園不僅在空間環境上與其他各層環境如此密切相關，在時間情境上亦無法分割，因為幼兒園所培育的幼兒是要生存於未來截然不同的情境中；因此幼兒園在規畫課程時要預想未來的社會情境，培養不僅能生存於現代社會，而且也能適應未來社會環境生活的幼兒。

二、幼兒園內部情境應然特色

　　幼稚園的主體是幼兒，為反映幼兒的文化情境、全人發展、漸序發展性、個別差異、探索建構與具體經驗特性，通常幼兒園在學習環境上應該富有探索性、多元性與開放性；活動大體上為個別學習區探索活動、小組活動與全班團體活動三種型態交相運用；而在作息上，基本上為三種活動型態交替，通常團體活動時間不宜過長，而且也會特別考量餐點、午睡與轉換活動的需求。茲分別敘述如下。

(一)環境：探索性、多元性與開放性

　　一個開放、多元能自由探索的學習環境對幼兒園課程的實施是絕對有必要的，因為幼兒具有強烈的好奇探索性，甚至具有建構知識的能力。兒童在一個開放的幼兒園裡可以遊走於各處——觀察與操作事物、探索與驗證自我想法，或訪問關係人物等，利於正在進行的課程主題深度、廣度的探討。因此通常在幼兒的活動室中設有蘊含各學科／領域的「興趣中心」（Interest Center）或「學習區」（Learning Area）（俗稱角落），諸如：益智角、美勞角、創作角、扮演角、圖書角、積木角、科學角等；這些學習角落容許幼兒自由選擇與探索，角落內的教材、教具也是開放讓幼兒自由取用。在這樣的環境中，它鼓勵的是自發性的探索行為，各個角落有如所探討課程主題的不同面向，幼兒可以從不同的角度、不同的面向充分地探索主題概念。舉例而言，當探討的主題是「我的身體」時，幼兒可以在益智角測量、比較身高，在美勞角繪畫身體輪廓，在圖書角閱讀與身體相關圖書，在音樂角隨音樂探索自己的身體部位與動作，在科學角用放大鏡或鏡子觀察自己的身體特徵等等。換言之，它將各學科領域整合於各項具體活動中，提供了均衡且統整性的學習經驗，大大促進了幼兒的全人發展。

　　試想幼兒的學習空間若只圍於傳統教室中一張張固定排列的桌椅，何來探索行為發生？課程的主題如何能既深且廣地加以探究？因此，當然活動室除了各個角落外，還必須有一個較大的空間以供團體活動使用，通常的做法是刻意加大某一角落，使具雙重功能，可彈性運用；亦有在教室中央或一隅刻意空出一個團體活動空間者。此外，學習區的設立也反映幼兒的個別差異性，讓幼兒可以根據自我興趣與需求，選擇某一學習區域與其中的教材、教具。統而言之，筆者歸納學習區的功能有幾項：(1)發展幼兒獨立自主性、責任感；(2)發展社會性能力——合作、輪流、等待、互動等；(3)發展幼兒的語言溝通能力；(4)提供真實、具體經驗，促進學習成效；(5)滿足幼兒的探索性與

建構性,增進學習意願與動機;(6)符合幼兒個別差異的需求以及個人內在個別差異的事實。當然最大的功能是提供均衡統整性的學習經驗,促進幼兒全人發展。

　　最後最重要的是,幼兒的學習環境不限於活動室內,配合主題課程所需,活動室外的幼兒庭園、遊戲場,以及鄰里社區與公園,或是較遠的校外教學場所等,任何有關的情境均是幼兒可以探索的空間,總之,幼兒的學習環境應是開放的,與整個大的社會情境交融接軌。

(二)活動型態:學習區個人探索、小組、團體

　　幼兒園的教學型態大致上有三種:團體活動、分組活動、學習區個別探索活動。基本上,這三種型態各有其作用,應均衡運用,盡量避免全天候的全班性團體活動或其他單一類型活動。值得注意的是,幼兒有個別差異性,著重幼兒的個別性發展是極為重要之務,然有些幼兒教師卻常忽略個別角落活動,頗值吾人深思。

1. 團體活動

　　意指全班幼兒共同進行一致性的活動內容的活動型態,無論是採用教師講述、示範,或師生共同討論、分享,或全體進行團體遊戲、律動、體能活動、實驗等。基本上,團體活動時,教師的主導性通常較強,活動也較具結構性。例如:一早來園時全班圍坐進行早安問候、點名、介紹當日活動內容或說故事等,或者是教師引導全班討論或進行遊戲、戲劇活動等。值得一提的是,有時教師為了方便指導與考量有限的教材,也會將全班分成幾個小組,這種雖然有分組形式,但各組所進行的活動內容一致,仍屬於團體活動。

2. 分組活動

　　意指將全班幼兒分成不同的小組,而每個小組所進行的活動內容並不相同。分組活動時,教師的主導性通常次於團體活動,幼兒之間的互動比團體活動要來得多。一般而言,分組活動有兩種方式,一種是教師「指定分組」,教師針對幼兒的興趣、能力層次,特意設計內

容不同的組別活動，指定幼兒至各個不同組別，這是補救教學常運用的策略；另一種是「自由分組」，幼兒可依個人興趣與能力選擇喜愛的組別進行活動。有時教師也會採用「輪流分組」方式，讓所有幼兒都有機會進行各種不同的活動。大致而言，分組活動較全班團體活動能滿足幼兒的差異性。分組活動的實例，如教師將全班分成三組，一組進行卡片製作，一組進行科學實驗，一組則為操作益智教具。

3. 學習區個別探索活動

　　學習區活動意指幼兒在規畫有多樣學習區域的開放教室中，可依個人興趣與能力，選擇自己所喜歡的學習區域，進行個別探索活動。基本上在學習區時段，幼兒是自主的，他可以選擇「學習類型」，如：建構、練習、扮演或操作教材教具；也可以選擇不同類型的「社會接觸」，如：獨自遊戲、合作遊戲、平行遊戲等；甚至亦可以選擇學習時間的長短，大體上，教師的主導性低於分組與團體活動。

　　通常學習區又稱之為「角落」或「興趣中心」，在幼兒園常設的學習角落有圖書角（語文角）、創作角（美勞角）、益智角（小肌肉操作角）、扮演角（娃娃家、家事角）、積木角、科學角等，幼兒可從不同的面向來探索主題概念，但是教師必須事先加以規畫、布置豐富且多樣的學習角落，以引發幼兒探索動機。教師在角落中的角色可以是觀察者（觀察幼兒活動，以決定進一步所扮演的角色）、提供者（提供幼兒遊戲探索所需的教材教具）、引導者（以對話、問題刺激幼兒思考，引發高層次遊戲行為，或鼓勵、引導幼兒走向所欲目標），甚而是參與建構者（共同參與幼兒的遊戲）。

(三)作息：符合幼兒特性與課程所需

　　幼兒的一天作息活動應盡量安排包含大團體活動、分組活動與個別探索活動三類時段，避免全天候大團體活動，多給幼兒自由選擇與探索的時段。如果幼兒一天的作息全是全班大團體活動，他又如何能自由探索課程主題呢？在幼兒教育上，吾人特別重視幼兒個別發展的

差異性，幼兒在分組活動，尤其是個別探索活動的時段，可以自由選擇與主題相關的活動或學習角落，以滿足其個別差異需要。此外，教師也可善用轉換時間、點心時間或如廁時間，以強化正在進行的主題課程，並在安排活動時盡量能注意動靜交替之平衡原則。

　　轉換時間之安排主要是考量幼兒有特殊需要，如：如廁、點心，以及不同活動間，均需有一過渡轉換的時間。轉換時間可讓幼兒平順地銜接不同類別活動，讓動靜之間得以平衡順暢。轉換活動是可以個別的、小組的，也可以是團體的。例如：幼兒在分組活動中進行速率不一，教師容許先完成的個別幼兒至圖書角閱讀喜愛的圖書，以免其無聊鼓譟而影響他人完成活動；再如戶外活動歸來，幼兒心浮氣躁，教師讓全班幼兒趴於桌上聆聽輕柔音樂以幫助其休憩沉靜、轉換身心；又如團討活動後等待老師分配點心時，教師為避免幼兒等待，請幼兒一起同聲吟唱手指謠或詩詞。

第二章

幼兒園中之課程／教學——基本概念章

本章旨在對幼兒園中的「課程與教學」作一概念性的介紹，以作為本書各章的基礎；內容包括：第一節的課程與教學的「意涵」、第二節的課程與教學的「制定要素」，與第三節的課程與教學的「發展」。

第一節　課程／教學之意涵

課程與教學是學校教育的核心，二者間的關係，依據國內學者王文科（1994）綜合文獻認為：⑴二者有關，但不盡相同；⑵二者間成相互依存的連結關係；⑶二者雖可分開進行研究與分析，但無法各自孤立運作。的確，課程規範了教學方法，但教師不同，所呈現的教學實務面貌就不同，甚至會回過頭來影響原本課程的內涵，二者間相互影響、密切相關，很難劃分，因此本書就以課程／教學並列。

吾人雖然很難明確劃分課程與教學，一般而言，課程計畫先於教學，是比較被接納的說法（王文科，1994）；另一位國內課程專家黃政傑（1997a）亦有相類似的看法，指出課程計畫乃透過教學的實施而具體落實；而教學是為達到有價值的學習目標，學生與教師、教學資源間的互動。

　　本書持社會文化觀,亦將教學定義為:為幫助學生學習在師生間的互動關係。社會文化論認為人類的發展與學習是在社會文化情境中與人互動而發生的,孩童最近的社會文化情境就是幼兒園中的老師,因此師生間的互動關係,就構成了學習的主要泉源。例如:Tharp 與 Gallimore(1988)將教學定義為「被協助的成就表現」(Assisted Performance),教師在教學過程中要提供回應與協助性的「互動」,諸如:示範、回饋、講授、提問、彈性管理,以及提供組織架構等,以幫助學生學習。Wood、Bruner 與 Ross(1976)則提出教師要運用各種方式與學生互動,為學生搭構學習的鷹架,稱之為「鷹架教學」(Scaffolded Teaching)。而 Rogoff(1990)以及 Lave 與 Wenger(1991)則提出有如師徒關係的「學徒制」(Apprenticeship)互動,如:示範、教導、搭鷹架、說明、反思與探索等(轉引自 Bliss, 1995)。而無論是被協助的成就表現、鷹架教學或學徒制式的「互動」,都是在幫助學生「學習」,提升其知能。

　　至於有關課程(curriculum)的定義十分分歧,所經常使用的詞彙也不一致。課程專家 Posner(1992)曾檢視一些常見的課程概念如下。

1. 範圍(scope)與順序(sequence)

　　把課程視為「範圍」與「順序」者,通常是以「一系列有意圖的學習成果」作為具體的課程概念。亦即在課程文件上往往列出每個年級所必須達成的學習成果,因此構成課程的「順序」;而學習成果乃根據主題性質或面向加以分類,於是界定了課程的「範圍」。這樣的概念將課程置於指引教學與評量的決定角色。

2. 講授綱要(syllabus)

　　有人將課程視為一個「講授綱要」,講授綱要是整個課程的一個計畫,這個計畫通常包括:目標、涵蓋的議題、所使用的資源、指定作業與評量方式等,它囊括課程的方法與其目的。

3. 內容大綱（content outline）

　　將課程視為一個「內容大綱」者，認為講授內容等同於一個課程計畫，它並未涉及教學的目標與教學的方法。在現實生活中當被問及課程時，確實是有許多人會提供一個內容大綱。

4. 教科書（textbooks）

　　有人將課程視為教科書。依教科書教學的教師們，教科書是每日的教學指引，包括教學的方式與目標。現代的教科書更為系統，包含教學指引、學生自修指引或練習本、測驗卷、投影片、實驗材料包與其他補充教材等。

5. 學習進程（course of study）或科目

　　字典上通常定義課程為學習的進程，或是學生必須完成的「一系列科目」。持此觀點者認為，教育是一個具有目的地的旅程，學習是有進程的。

6. 有計畫之經驗（planned experience）

　　課程不只是一組文件，課程尚包含學校為學生所計畫的所有經驗，因此學科學習之外的所有經驗均包括在內，例如：教練、演講者、護士、戲劇老師、樂隊指揮等所提供的經驗也是課程的一部分。

　　另一位課程專家 Wiles（1999）則進一步將自古以來諸多學者的分歧課程定義，歸納成四大類如下。

1. 課程乃學科（curriculum as subject matter）

　　課程包含各學科的完整知識，如：歷史、科學、語文等學科知識，它通常是一份書寫的文件。

2. 課程乃計畫（curriculum as a plan）

　　課程是學生學習的事先規畫，目的在達成教育目標，此一計畫通常包括：教什麼？教學對象？何時教？如何教？等。

3. 課程乃經驗（curriculum as an experience）

　　課程是學生在學校內的所有經驗，包括生活中所經驗到的所有大

小事。

4. 課程乃成果（curriculum as an outcome）

　　課程是學生的學習成果，也是教學成果，與所訂之教學目標息息相關。

　　Ornstein 與 Hunkins（1998）則指出二極端點與散布於其間共五種的課程定義。這二極的定義分別是：一極是將課程定義為「行動的計畫」或「含括達成目標的書寫文件」；它是一個線性的課程觀，計畫者預先排序，有開頭也有終點目標，以及中間的程序（方法），使得開頭可以進展至最終目標。另外一極是將課程定義為「學習者的經驗」，此極課程觀點幾乎涵蓋學校中所有的任何事，甚至包括校外計畫的經驗於課程中。就此而言，前一極觀點較為特定、具規範性，後一極則較為寬廣、具普遍性。不過在這二極之間尚有三種課程定義存在。第一種是將課程視為處理人與程序的體系；第二種是將課程視為一個學習的領域，包含它的領域知識與基礎，以及解釋此一知識的相關研究、理論、原則；第三種是以學科（數學、科學、歷史等）或內容來看待課程。

　　在幼教領域通常將課程視為幼兒在幼兒園內的「所有經驗」，它包含了事先計畫的與未事先計畫的經驗。誠如幼教學者 Gordon 與 Browne（1993）所言，幼兒像海綿一樣，他們吸收所有發生在他們身上的任何事；正因為他們還小，而整個世界對他們而言是新鮮的，因此他們並不會區分什麼是預先準備與設計給他們學習的，什麼是幼兒園中其他所有發生的事；所有幼兒園發生的事與經驗都是「學習」（learning）。

　　Petersen（2003）亦言，課程不是你所教或給幼兒的事務，課程是幼兒園內所發生的所有的事，是幼兒在幼兒園情境中，每日所體驗到的經驗，它是一個鮮活且持續進行的歷程。就此而言，小自每日作息、活動轉換，大至有計畫的活動，甚至是臨時萌發的事件，在在都

是幼兒活生生的經驗與教材。也因此「潛在課程」對幼兒的影響是不可忽略的。具體言之，在幼兒園一天內所發生的所有事均為課程，它可能包含了美勞活動與語言遊戲；它也可能是幼兒在攀爬架上的自然體能經驗，或是挖沙堆時的哼唱；以及老師解釋寄居蟹為什麼死了等經驗（Gordon & Browne, 1993）。一言以蔽之，課程是「幼兒在幼兒園情境中與人、事、物互動的所有生活經驗」。從社會文化論而言，將課程定義為幼兒園內所發生的所有事，是很有道理的，因為幼兒園就是幼兒最直接的社會文化情境，此一文化情境中的所有一切，均對幼兒的發展與學習具有一定的影響力。

不過，Petersen 也指出：課程雖然是幼兒園內所發生的所有事，但在現實生活上若是沒有規畫，可能什麼事也不會發生，正所謂「計畫是課程之鑰」也。吾人頗為贊同 Petersen 的觀點，我們不否認課程是幼兒園內所發生的所有事，課程是幼兒的經驗，以及潛在課程不可忽視；我們更認為孩子的課程是要有一些預先規畫的部分，這就是幼兒園存在與教師角色所在，而且也能因應幼兒漸序發展的特性，因為老師在了解幼兒發展的時間序列後，可以預設活動，加深加廣孩子成長中的技能。從社會文化論而言，為提升高品質的幼教，就必須要有良好思考的幼教目標；老師對他自己的教學必須是有意識的，知道他在做什麼與為何如此做；他必須觀察孩童，了解孩童的文化架構並與其互動（Smith, 1996）。因此，課程是幼兒園內將會發生事務的一個書面計畫或路線圖，而即將發生的事務必須奠基於孩子的發展狀況與特性，以及反映幼兒園的時空情境特性。至於書面計畫則應包括課程與教學的目標、課程與教學的內容、課程與教學的方法，以及課程與教學的評量，換言之，書面計畫應包含所要提供給幼兒的經驗的目標、內容、方法與評量。

總之，幼兒的課程是幼兒在幼兒園中的所有互動與經驗，它包含了預先計畫的課程與臨時萌發的課程（Emergent Curriculum），這兩者

之間必須保持平衡。過度的計畫、沒有彈性，無法融入臨時萌發的成分，或是完全仰賴隨機萌發，未能就幼兒的整體學習加以預先規畫，均是過與不及之做法。而教學與課程密切相關、彼此影響；它是為落實課程，幫助幼兒學習，在師生間的各種互動關係。

第二節　課程／教學之制定要素

　　幼兒園的課程絕對不是憑空捏造，或抄襲他園立即可行；幼兒園在規畫與決定課程／教學之初，有幾個重要的因素必須加以考量，以資統整規畫，這些因素或要件可以說是課程規畫的基礎。課程專家Wiles 與 Bondi（1998）指出這些課程規畫基礎包括：社會變遷的因素，學校依教育目標對知識的選擇、呈現與評估，兒童發展與成長，以及學習的歷程性等四項考量要素。當然，任何的課程在規劃之初，一定會考量老師的能力、興趣、相關資源或配合時令節慶等，筆者將其視為課程制定之消極要素；滿足這些要素雖很重要，但並不必然提昇課程與教學的水準。筆者進而依據幼兒教育的特性，提出幼兒園課程與教學決定的積極要素有四：幼兒發展與學習特性與需求、園所教育目標、園所在地特色與優勢，以及未來時代生活所需技能。

　　本書持社會文化論，認為人類的發展與學習深受其社會文化情境的影響，在教學上則強調在社會情境中共同建構。而社會文化論與第一章所探討的生態系統論基本上是相呼應的。職是之故，幼兒園在開始決定其課程與教學時，基本上要考量符合幼兒發展與學習的特性與需求，因幼兒是課程與教學的主體；其次要統整考量與反映幼兒園社會文化時空情境，包括：幼兒園本身的重要教育目標以及所在的環境特色與優勢，因幼兒園與其毗鄰的社會情境是課程與教學發生的環境，也是幼兒最近、最重要的社會文化情境；而最終要以培育幼兒具有未來社會生活技能為宗旨，因今日幼兒是要生存於未來的，這是幼

兒教育機構責無旁貸的神聖任務。而在課程／教學實施之際，園、家密切合作與教師搭構學習鷹架，發揮社會情境中的積極角色是必然的趨勢。

一、考量幼兒發展與學習之特性與需求

　　規畫幼兒課程，首須考量該年齡層幼兒發展與學習的特性與需求，此一要素是任何課程決定與設計的起始點，就此，吾人以為每一個年齡層的發展水平與能力是最基本的考量點，如三歲幼兒、四歲幼兒與五歲幼兒在各方面的發展層次。此外，筆者在前章歸納學前幼兒在發展與學習上有六項特質：文化情境性、全人發展性、漸序發展性、個別差異性、探索建構性與具體經驗性，重要的是幼兒園課程與教學要呼應幼兒的這六項特性。綜合以上這些特性，吾人以為幼兒園的課程最好是強調各領域均衡兼重的統整性課程，且富探索性、建構性，而「主題探究取向課程」以一個中心主題統整各學習領域則是較佳考量，而且主題探究取向課程也反映了新紀元的需求，因為它深具建構探索性，足以培養能適存於未來社會所需的解決問題能力與創造思考能力的公民。有關主題探究取向課程的意義則留待第貳篇（第四章）闡述。此外，幼兒園的課程也要有適度的計畫性，加深、加廣幼兒的知能，以呼應幼兒發展的漸序性。

　　整體而言，符應幼兒特質的幼兒園教學應強調經驗中學習，因為幼兒園教學的對象是三至六歲的幼兒，這個階段的幼兒與已能端坐桌椅良久的小學生、中學生，無論在語言、思想、行為各方面的表現均有極大差異，因此，施用於幼兒階段的教學，自然應有別於中、小學生的教學。以講授為例，若教師滔滔不絕並未伴隨合宜的肢體動作，或輔以具體教具、半具體圖片，許多幼兒可能不知所云，早已淹沒於教師的口水中。即使講述伴有動作或具體物，若持續二十分鐘以上，恐怕幼兒活動室中所呈現的是一群蠕動不已的「毛毛蟲」，甚或打

鬧、喧囂一片。故幼兒園的教學一定要考量教學對象——幼兒的身心發展狀態。具體言之，幼兒園的教學應盡量提供幼兒具體或真實的經驗，一方面有助於幼兒的理解，一方面往往經驗過的事物是較會留下深刻印象，有助於幼兒的記憶保留。從經驗中學習，並與個別經驗連結，對幼兒而言，將是最珍貴也是最有意義的學習。例如：「昆蟲」主題，教師安排捕捉蝴蝶、觀察螞蟻或飼養毛毛蟲等活動；「好玩的水」主題，老師提供幼兒噴灑水柱、實驗水壓、打水仗、裝瓶賣果汁（色水）、踩水花等活動。以上這些經驗對幼兒而言，非常真實且具體，並且或多或少均有一些舊經驗可以為之參照，因此易懂、也極為有趣，勢必會在心中烙下深刻而持久的記憶。相反地，若教師僅僅講述蝴蝶的構造、生活方式，或水有壓力，無色、無味、無固定形狀，則有如隔靴搔癢，不夠具體，難以理解，也難引發探究興趣。

此外，針對幼兒發展的個別差異性而言，幼兒園的課程與教學要尊重多元需求，強調個別化教育，以讓每位幼兒均能充分發展潛能、實現自我，這也就是 Steels（2003）綜合研討會議結論所提出「未來學習六項聲明」內涵之一。就此而言，強調個別化學習的角落探索活動有其倡導與存在的必要性，而角落探索與主題課程／教學是不可分的。

當然最重要的是，幼稚園的課程與教學要符合幼兒的興趣，興趣是探究的泉源，好玩、有趣，探究才會持久，Steels（2003）所呼籲「未來學習六項聲明」中的第一項聲明就是要讓學習有趣、好玩。因此除了規畫中的課程要與幼兒討論，以設計得有趣、好玩外，臨時萌發足以激起幼兒興趣的課程，也不能忽略，亦即課程設計要兼具計畫性與萌發性。然而興趣有個別差異性，正如同認知的發展有差異性一樣，這就呼應以上角落個別探索活動存在的必要性。

二、配合園所之教育目標

每個園所都有其獨特的教育理念與教育目標，這些教育理念與目

標來自於其所服膺的教育哲學與所看重的價值。因此,幼兒園在設計與規畫課程時必須以自己園所所信奉的教育理念與所制定的教育目標為念,然後再綜合考量其他重要的課程制定要素。例如:一個天主教創辦的幼兒園,可能相當重視靈性、道德與紀律的培養,在進行課程創新或轉型時,一定無法揚棄原有的信奉理念,必先以園所所訂的獨特教育目標——靈性培養為出發,再思考如何將新的元素或其他重要考量統整納入課程制定中。換言之,幼兒園不能隨波逐流,沒有教育目標,因為教育目標是幼兒園課程與教學實務的指引。幼兒園是教育機構,肩負培育未來國家主人翁的神聖使命,因此幼兒園一定要有教育目標,善盡教育機構之職責。重要的是,此一教育目標要隨時接受新時代的檢驗,適度因應新時代的需求,此點將於第四部分陳述。坊間有一些幼兒園沒有自己的教育目標,在課程與教學上不是攀附流行,完全以市場為導向,就是片面抄襲他園或擷取現成,實頗值吾人深思。

三、符應園所之在地特色與優勢

　　幼兒園的課程須反映其鄰近社區文化情境,換言之,幼兒園的課程應該是依據其教育目標,針對它所服務的對象,反映它所在環境的文化特色與資源而設計的。因此,沒有兩個課程是相同的!一個山地國小附設幼稚園有其豐富的山地文化背景與取之不盡的自然資源優勢,將山地文化與自然資源納入課程內涵,讓幼兒探究,是最有意義與特色的課程。就此而言,一個台灣高山部落的幼兒園課程內容當然與大台北都會地區或新竹科學園區的幼兒園課程內容有所不同,即使是在同一主題下,在內涵表現上也應有地域特色與差異,這也就是「學校本位課程」或「園所本位課程」在近年來被大肆提倡之因。吾人以為幼兒園的課程若要反映家庭與社區的環境與特色,可與孩子的家庭密切合作,在規畫課程時,適度納入家長的意見與專長,甚至在

課程進行時，可請家長支援，如：某一主題活動的帶領、戶外教學的義工等，園、家密切合作對孩子的發展才是雙贏的。

在此值得一提的是，許多幼稚園喜歡援引國外著名的幼教課程模式，如：高瞻（High Scope）、方案等，吾人切要記住：任何課程模式或制度都是在某一個特殊的環境下演化生成的，它之所以有今日的面貌是因為「源遠流長」之故；換言之，它是在特定時間、環境與歷史背景下所醞釀的產物，如：開放教育、蒙特梭利、義大利 Reggio 等模式皆是。筆者以為「制度是培育發展的，非由外移植即可存活的」，幼稚園若要採用任何現成的課程模式，都必須在我國幼稚園環境的培養皿中加以育成適合本土情境的課程，否則可能形成水土不服，甚或夭折的現象（周淑惠，2003b）。不過一個幼稚園的課程與教學的最佳狀況，還是要反映園所的在地特色與優勢，以園所為本位，漸進發展其特色課程。

四、反映時代進展之生活技能

幼兒園在空間環境上與時間情境上是與整個大時代無法分割的。筆者喜歡把未來世代比喻成「摩天輪」，因為它高高掛在那兒轉啊轉，有些遙不可及，但是有時也會挑動你乘坐或與輪共轉、趕上時代的欲念，不過它究竟非燃眉之急；可是當你有朝一日必須實地去乘坐它時，卻又感到驚心動魄、害怕不已，悔恨平日無其他類似相關之高空乘坐經驗。試想若是先前有其他相關騎乘經驗，當你坐上時代摩天輪時，就能安然穩坐享受鳥瞰風景之美。今日我們所培育的幼兒日後終究必須坐上時代摩天輪，面對未來生活，筆者以為我們必須未雨綢繆設法讓幼兒早日「與輪共舞」，體驗高空轉動的感覺，意即培養幼兒有騎乘於未來時代之輪的類似先置經驗，免於他日受驚失魄、無法適存。

至於未來的時代有何特性呢？基本上而言，它是一個資訊與傳媒

科技發達的社會，它講求速率，充滿了變動性，在資訊、知識與各領域事務上均瞬息萬變、不斷推陳出新；正因為變動不安，也讓它深具高度競爭性；而且人與人間距離縮短，是一個地球村生活的世界。在這樣的紀元裡，要生存既要激烈競爭又要適度合作，且要忍受瞬息變動的壓力，人們亟需高度創造思考力、解決問題能力，以及與人合作共存的能力，方得以生存。有名的教育革新專家 Fullan（1993）即明白指出：學校教育具「道德使命」與作用，有責任培養於日益複雜動態社會中能建設性地存活與工作的公民。職是之故，幼兒園的課程必須反映與因應未來時代進展的趨勢，培育幼兒生存於未來社會的相關能力，這是幼兒園在規畫與決定課程時的重要道德使命。當然幼兒園將此「與輪共舞」道德使命列為園所教育目標之一是最佳狀況，若園所已有其教育目標，也要隨時因應時代所需，將培育幼兒生存於未來世代的能力納於教育目標中，或置於課程與教學的規畫中。

綜而言之，每個園所都有其特殊的在地特色與優勢，各個園所在決定課程或創新課程時，若能在幼兒發展與學習的基礎上，統一考量──以自己的教育理念為念，善用其在地特色與優勢，最終以培養幼兒生存於未來社會所需技能為旨，創造以幼稚園情境為中心的「園本課程」，勢必是最能發揮所長的課程，也是最能創造幼兒之福的課程。

第三節　課程／教學之發展── 課程是生成的，是教室生活故事

課程決定初始有其重要的考量要素，已如上節所述。而已制定的課程開始付諸實施後是怎麼樣的一個狀況？與原制定課程的樣貌一致嗎？本節即是在探討課程制定後是如何接續發展的。

就世界各國而言，課程的發展有由上而下、中央至地方的模式，

即由中央制定統一的課程與教本,交由各層級地方學校照本執行;也有由學校自己研究、發展並執行的方式,即所謂的「學校本位課程」(School-based Curriculum)。中央統一制定的課程無法因地制宜與隨時有效抓住社會脈動是有目共睹、無庸置疑的;最重要的是,誠如Fullan(1993)所言,所有教育改革均需新的技能、行為與信念(或理解),因此在統一課程推動的過程中,很容易形成上下層級間之理念與期望落差的現象(Cisneros-Cohernour, Moreno, & Cisneros, 2000)。此種上下層級落差現象諸如:操弄表面的課程活動安排,在實質上並未改變的「表相課程」(Surface Curriculum)現象(Bussis, Chittenden, & Amarel, 1976);或按照自己的想法來執行,脫離既定課程面貌的情形,因為老師是個思考者,他會以其專業信念來解釋與執行任何現成的課程教材,並不會照單全收(O'Brien, 1993; Ryan, 2004);此亦即Olson(1982)所發現之「訴諸內在」(Domesticating)現象,新課程重要部分不是被忽略了,就是以內在所信奉的傳統方式呈現,被轉換得幾乎無法辨識其面貌,甚而完全被扭曲(Munby, 1983)。

上述課程執行上下落差現象,呼應 Klein 與 Goodlad(1978)的「課程層級論」;課程層級論指出:課程由學者與國家訂定後,到學校所採用的正式課程,到教師於課前所知覺的課程,再到教師所實際於課室內執行的課程,甚至是學生所接收到的課程經驗之間,是有「層級的」,不同層級間的課程是有所差異的。簡言之,外定課程與教師於教室中所實際執行的課程是絕對不同的,尤其是每個教師均有不同的信念與想法,因此課程執行上下落差現象是在所難免的。

Snyder、Bolin 與 Zumwalt(1992)綜合分析文獻,發現一個既定課程被執行的情形通常有三種研究觀點:忠實觀、相互調適觀、生成觀,這三種研究觀點即反映了三種課程執行面貌。不過在現實世界,要忠實地執行與呈現一個外來既定課程是很難完全做到的,因為在外定課程被執行時,通常會受到學校社會情境系統所影響,結果在彼此

相互調適過程中，課程原貌勢必無法忠實地被呈現。此一相互調適觀呼應「教師專業社會化」觀點，即學校情境因素或現實震撼確實對教師有一定的塑造力或影響力（Cole, 1990; Kagan, 1992），甚而影響教師之教學行為（McNeil, 1988; Grant & Sleeter, 1985）。

　　有關外定課程的執行更甚的情形是，外來的課程只是師生間在教室內建構、「生成」實際課程的一項工具而已，因為教師並非是等待被外來專家填充的「空白容器」，他們有自己的信念與思考；換句話說，在實際教室生活中，老師是「課程發展者」的角色，與學生共同創造教育經驗，生成課程實質內涵，外來專家只是持續加溫、加火而已（Snyder, Bolin, & Zumwalt, 1992）。針對以上相互調適與生成現象，無怪乎 Grant 與 Sleeter（1985）於綜合文獻後指出：教師個人所持有的信念與其工作情勢因素，實共同決定其教學實務。綜合上述，教師皆有自己的信念與思考，即使是在執行外定課程情況下，課程的內涵是教師於工作情勢的框架中，與學生在教室內共同發展生成的。

　　又，在現實生活中，教師不僅是課程發展者與兒童共同生成課程，教師也是個「研究者」。英國的課程改革即採此觀點，雖然教育部所推動的改革非學校本位課程，課程計畫小組規畫後，要求執行教師在教室可以做教學決定，將這套課程以「研究者」的專家角色在教室中實地考驗與建構；換言之，老師是該套課程在教室內形塑的探究者（Elliott, 1991; Stenhouse, 1975）。以上現象即反映我國課程專家黃光雄與蔡清田（2002）有關課程的論點——「教師即課程發展的行動研究者」、「課程即課程發展的行動研究假設」，以及「教室即課程發展的行動研究實驗室」。

　　總之，教師為獨立個體，有其信念與想法，在教學前、教學互動中與教學後均必須依教室情勢與學生狀況做教學決定，因此，不管有沒有現成教材存在，實際的課程內涵是在教室中發展與「生成」的。誠如課程教授 Clandinin 與 Connelly（1992）別於以往「老師是傳導

者」（傳導既定課程）的隱喻，提出「老師是課程制定者」的譬喻，認為課程可以被視為老師與學生於教室內共同生活的故事；吾人應進一步採其建議——接近老師，傾聽他們在教室內所活出的故事；甚者，當學者與老師在他們的教室共同工作時，也要學著去說他們自己的故事。筆者非常認同「課程是教室生活故事」之說，就此而言，吾人應多鼓勵教師成為真正的課程「制定者」、「發展者」、「研究者」的角色，並鼓勵老師們說出他們與幼兒在教室內共同生活的故事。幼教界有名學者 Bredekamp 與 Copple（1997）就明白指出：我們必須「強化」老師是課程發展者與做決定者的角色，而且作為一個課程發展者，必須指認轉型社會中有關的教育目標，並因應變革。此一論點不僅強化教師是課程發展者、生成者角色，而且也積極呼應筆者「與輪共舞」的主張。

思考與問題

請舉幼兒園生活實例說明「課程是幼兒在幼兒園情境中與人、事、物互動的『所有生活經驗』。」

請舉實例說明「課程即課程發展的行動研究假設。」

「課程即課程發展的行動研究假設」,以及「教室即課程發展的行動研究實驗室」,這兩句話所顯示的課程的特性是什麼?

第貳篇
新紀元幼兒園課程／教學藍圖篇

第貳篇旨在揭示本書社會建構論的基本理論，並由新紀元「與輪共舞」的角度切入，檢視幼兒園的課程與教學，描繪幼兒園課程創新發展的藍圖。本篇共分三章，第三章主要在論述新紀元課程／教學的目標為培育求知人、應變人、民主人、地球人、科技人與完整人，並探究社會建構論的精神——強調知識是建構的、著重師生共同建構、力倡搭構引導鷹架與重視運用語文心智工具。綜合上述新紀元課程／教學目標、上篇幼兒發展與學習特性，以及社會建構論基本精神，提出新紀元的課程特色應為：探索性、統整性、建構性、鷹架性、遊戲性、計畫性與萌發性。就此而言，一個「探究取向的主題課程」似乎是較為合宜的課程。

第四章則進一步探討主題探究取向課程的意涵，論述其益處，尤其是符應新紀元社會需求與培育完整幼兒。此外，並舉中外課程／教學實例闡述理論於實務上的運用，包含義大利 Reggio 主題探究取向課程／教學，以及筆者在國內幼兒園所做的國科會研究；前者著重社會建構論在實務的連結與呈現，後者則針對二個主題的實務面分析其社會建構成分，並特別分析其鷹架引導策略。至於第五章則進入更實務的設計層次，探討主題探究取向課程／教學之設計原則、設計程序與活動設計實務。

新紀元幼兒園課程／教學
──理論基礎章

吾人於前篇揭櫫幼兒園在規畫課程與教學時必須綜合考量各種要素，並以「與輪共舞」為最高宗旨，設法讓幼兒體驗未來時代生活的感覺，培養未來社會生存相關能力；意即各級學校與幼兒園實肩負著責無旁貸的「培育兒童能適應未來社會生活」的神聖使命，而課程與教學則是實現此項神聖任務的主要利器，因此，各級學校與幼兒園必須未雨綢繆於課程／教學中規畫與培養未來生活重要能力。而面對二十一世紀的社會生活特性，我們要培養什麼樣的兒童才能適存於未來社會？又什麼樣的課程方能達成「培育兒童能適應未來社會生活」的教育目標？這樣的課程有什麼重要特色？是頗值探討的議題。就此，本章共計三節，分別討論新紀元幼兒園課程／教學之目標、新紀元幼兒園課程／教學之理論與原則，以及揭示新紀元幼兒園課程／教學之特色。

第一節　新紀元幼兒園課程／教學之目標

個人以為能否「求知」、「應變」，成為生存於未來瞬息萬變且高度競爭社會的首要條件；其次是能否適應民主生活，以及實踐地球村生活以與世界接軌；當然最基本的是身、心、靈能均衡健全地成

長，方有精力與能力接受未來社會的挑戰。因此筆者揭櫫新紀元的幼兒課程目標是培養「求知人」、「應變人」、「民主人」、「地球人」、「科技人」與「完整人」，茲分別論述如下。

一、求知人

今日幼兒園所培養的幼兒是要面對未來資訊世紀之資訊爆炸、瞬息萬變且高度競爭的生活，求知辨真能力就顯得特別珍貴。「知識就是力量」，試想在資訊瞬息萬變、昨是今非；或是資訊五花八門、真假難辨；或資訊繁多、千頭萬緒的情勢下，個體若不具有主動「求知辨真」能力者，就無法進入知識之殿堂，了解真相與擁有知識，進而運用所得知識於變動社會中，以面對競爭或求生存，結果勢必將被時代所淘汰。因此幼兒園的課程必須發展幼兒的求知能力，讓幼兒成為「求知人」，透過課程，實際體驗如何求知。

Steels（2003）對於未來學習的六項聲明之一，即是希望每人均成為終生學習者，持續培養學習欲念，對新觀念、想法採開放心態。能主動求知者宛如「終生學習者」，能隨時運用各種求知方式滿足自己的疑惑與不足。這些求知方法包括：觀察、推論、找資料（如查閱圖書與使用電腦網路等）、預測、訪談、分析、歸納、比較、記錄、討論與驗證等。簡言之，求知能力就是一種探究能力，與科學探究能力或「科學程序能力」（Scientific Process Skill）類同（參見周淑惠，1997a），屬於高層次的認知能力，有別於只記憶知識與事實的低層次認知能力，它是能驗證資訊、釐清頭緒並探究真相的，其特性是具有高度行動力與思考力。俗語說得好：「給幼兒魚吃，不如教其釣魚的方法。」釣魚的方法就是譬喻求知。具體言之，我們不能一輩子餵養幼兒知識，幼兒也不能一輩子處於「茶來張口、飯來伸手」的被動受教狀態，尤其在面對未來社會變動與競爭狀況時，唯有自己能獨立主動地求知解惑，方能適應與生存，因此培育「求知人」成為幼兒園課程與教學的首要目標。

二、應變人

面對未來社會的高度競爭與變動不定情勢，個體不僅需要求知探究，隨時滿足自己的疑惑與不足，充實自己的力量；而且也需要更積極地將所求知能，進而運用於工作與日常生活中，期能突破瓶頸，解決任何因變動或競爭所帶來的困境或難題。試想在變動不定、競爭激烈，隨時有新問題衍生的情況下，若不具有解決問題的「應變」能力者，怎可能安然適存、度過難關呢？

吾人以為應付變動、解決問題不僅需要相關知識與邏輯思考，以了解、分析問題癥結所在，進而設法運用這些相關知能去解決問題；而且也必須具有「變通」的情意特質，不被變動的情勢與困境擊垮；更重要的是創意思考，俾於高度競爭社會下出奇制勝。所謂創意思考能力包括，思考上的獨特力、變通力、敏覺力、流暢力與精進力；即能敏銳感覺周遭人、事、物現象，在一定時間內不僅能作流暢思考，也能作變通思考，產生各種不同類別與數量的與眾不同想法，並能在想法上不斷突破、精益求精。而所謂變通的情意特質是指在「心態上的變通」，雖然個體遭遇問題與困難，卻能以不同角度去思考，在心靈上釋然或泰然處之，諸如：「塞翁失馬，焉知非福？」、「放長線、釣大魚！」、「退一步海闊天空」等，它也是創意思考的一種形式，只不過比較不是表現在心智上，而是表現在處世心態的情意面向。總之，應付充滿變動與競爭的未來社會，人們需要運用知識、能力、邏輯思考、創意思考，以及秉持變通的情意特質去面對與解決問題，因此，培育應變人成為幼兒園課程與教學刻不容緩的目標。

三、民主人

除培育「求知人」、「應變人」的教育目標外，未來的社會也是一個多元的民主社會，在這樣一個民主社會中，存有不同文化的族

群；文化不同，觀點自然不同，如何和諧相處並依據民主法則共治、共享這一個社會，成為重要議題。因此培養能相互尊重的「民主人」，讓其能成為適應未來社會的良好公民，並能運用所求得知能與他人共同改善周遭環境與社會，例如：保護生態環境、縮短貧富差距、促進各族平等與尊重等，也成為重要的教育目標。

　　詳言之，民主素養的內涵包括：多元意識、平等與尊重以及共享與共治；民主人的生活是開會討論、多數表決、遵守法規、尊重不同以及合力改善與關懷社會；民主人的特徵是一個理性的獨立思考者兼感性的關懷分享者。以台灣為例，目前有這麼多的族群與黨派生存在這一塊土地上，尤其目前又有許多外勞與新移民存在的情況下，如何彼此尊重、遵守法規，甚而共治共享，而非漠視法規、彼此攻堅，絕對是現在以及未來重要的教育目標。

四、地球人

　　更甚的是，當前是一個「地球村」的世代，尤其在未來科技更為發達，且國與國之間更無距離，彼此關係密切的情況下，普遍存在著文化與思想歧異，如何在這樣一個共同生活空間上共存共榮，而非互相撻伐、弱肉強食，也是教育上必須考量的重大議題。所謂「地球人」是指能具有多元文化素養，能尊重不同民族差異性，而且能愛土愛國，具民族自信心、不卑不亢，既不喪失自我、也不坐井觀天的特質。簡言之，個人與國家民族的情況雷同，均先要對自我、自己的國家有信心且能尊重他人、他族，才能與他人、他族、他國和平共處。這是目前台灣同胞所最為欠缺的，既缺乏民族自信，總認為外國的月亮特別圓，或外來的和尚會唸經，例如滿街全美語招牌；或是過度自以為是，閉關自守，不與世界接軌；而且也無法尊重他人、他族，例如虐待外勞與外籍新娘，所以培育「地球人」的教育目標在地球村的世代下，極其必要。

五、科技人

　　而針對地球村特性與未來社會的高科技趨向，成為地球人的同時，也要成為「科技人」，要具有運用新科技媒體的能力，以促進各國各族間的溝通與互動，並提升個人生存競爭能力。試想在今日視訊傳媒系統發達，在地球兩端的人可以立即透過電腦螢幕聊天見面、會商協調並傳送大量資料，或透過遠距教學、電腦平台、網路系統可以立即求知解惑，多麼方便！未來新紀元通訊科技一定更為進步，如果不會運用這些新科技，將很難溝通、求知、競爭、甚或生存。因此在商業、知識、文化、工業等均無國界且高度競爭的今日，培育科技人特別顯得重要，它也是重要的應變能力之一。Steels（2003）即指出未來學習的重要聲明之一即是援用新科技媒體的力量。

六、完整人

　　作為一個人，應該是要成為一個完整個體，在身、心、靈各方面全方位均衡的發展，這在未來紀元更顯得重要，也是新紀元幼兒課程與教學的重要目標。其實幼兒的特性之一即是全人發展性，只不過在教育的過程中有所偏差，形成心智、情意或體能上的不健全，在面臨未來紀元挑戰之際，實值教育專業者所警戒。吾人以為未來的社會生活不僅需要創意思考與求知應變、解決問題等高層次認知能力，更需要的是具有一顆求知、應變的心，也就是喜歡求知、應變的情意特質與變通的情意特質。常言道：「給幼兒魚吃，不如教其釣魚的方法，『更要培養幼兒對釣魚的興趣』。」這樣就不怕幼兒無法適存於未來社會，因為他不但具有求知應變力，可以自己求得知識、應付變動，而且還非常喜歡求知、應變，十足是一個「有效的學習者」（effective learner）；而所謂有效的學習者是為達求知與理解，能以一種開放、批判、創意與歡樂的方式，窮其能力於探索周遭世界的人（Bertram &

Pascal, 2002）。至於變通的情意特質已於「應變人」中提及,這種心態上的變通恐怕是面對困境與挑戰更須具備的。

　　另一方面而言,要成為地球人、民主人,必先對自我有信心,擁有多元文化意識與具有良好管理自我情緒的能力（即 EQ）,然後廣為運用人際能力,進而做到尊重他人或他族的境界。以上所指之喜歡求知應變與變通的情意特質,以及自信、自我管理與尊重他人的社會能力,即充分反映 Bertram 與 Pascal（2002）有效的學習者三項重要成分:學習的情性、社會能力與自我概念,以及健全的情緒。又在高度競爭與變動不定的社會中,更需要強壯的體魄,以應付龐大心智能力的付出。綜合上述,無論是求知、應變,或要成為地球人、民主人,甚至是科技人皆涉及認知、情意與體能各個面向,發展完整個體是刻不容緩之務。試想一個情緒脆弱與身體孱弱的人,如何能適應未來競爭與變動的社會生活呢?即使他具有求知應變力,他的微弱身體狀況與不穩定情緒就折損了他的能力表現,或導致完全無法發揮。筆者深有感觸,目前廣大社會家長與業界多重視認知,輕忽情意與體能層面,實叫人擔憂;而且社會大眾所看重的認知能力,多是屬於低層次的認知能力,未能看到較高層次的運用、評鑑、分析、創造等能力於未來紀元的重要性,未能理解求知、應變的刻不容緩性。

　　綜上所析,誠如 Fullan（1993）所言,每一個社會都期待它的公民在一個動態、多元文化的全球性轉變情勢中,能終其一生獨自或與人合作,有能力地處理變革。就此,一個幼兒園的課程若能以培育「求知人」、「應變人」、「民主人」、「地球人」、「科技人」、「完整人」為目標,讓幼兒透過課程,實地「與時代摩天輪共舞」——體驗求知、應變,尊重多元文化與民主共治生活,以及實現完整個體發展目標,就能創造兒童最大之福,使其不僅能適存於未來變動世界,而且游刃有餘,達到自我實現境地。因此筆者所揭示的培養求知人、應變人、民主人、地球人、科技人、完整人的教育目標,是極富

時代意義的；也盼望所有幼教工作者隨時以培育求知人、應變人、民主人、地球人、科技人、完整人為念，並且大聲說出他們與幼兒如何在教室內共同活出求知人、應變人、民主人、地球人、科技人與完整人的「與輪共舞」故事。

第二節　新紀元幼兒園課程／教學之理論與原則

　　新紀元幼兒園的課程與教學是基於「社會建構論」，而社會建構論則源於蘇俄心理學家 Vygotsky 人類發展的「社會文化論」（Social-cultural Theory）。該理論指出，人本來就生存於整個大社會文化情境中，其學習與發展受社會文化情境的影響至鉅，無法與社會文化分割。至於社會建構論的精神與教學原則為強調孩童與社會文化中的成人共同建構、在建構歷程中運用語文心智工具，與教師為幼兒搭構學習鷹架。本節則針對社會建構論加以闡述。

　　基本上，Vygotsky 非常重視人類心智工具與其發展。依其「心智生活是起源於社會」的觀點，高層次的心智功能源自於社會與社會互動的結果，其發展乃經過二個層次，初始於社會互動層次，末終於自我個人內在層次（Vygotsky, 1978）。亦即我們的認知是社會化的建構與共享，都是從社會與文化的情境中產生的，受社會文化的影響至鉅。舉例而言，東方社會是非常看中男性的角色，一向是「男尊女卑」，我們從小就是這樣被教導長大的，因此深植人心，一般而言，女孩子也甘於認命；反觀西方社會，兩性一向是平權的，為了顯現紳士風度，男性還得為女士服務，初至西方社會的女性一定非常詫異兩種文化下所涵濡出來的觀點與表現竟有這麼大的差異。簡言之，我們的認知是「情境化的」（contextualized），從社會文化的活動與經驗中萌發（Berk & Winsler, 1995）。

　　然而要讓資訊、知識或技能由社會互動層次移轉至內在思考層

次，社會中的成人與孩童間必須創造共同的焦點，稱之為「相互主體性」（intersubjectivity），或「共享的理解」（shared understanding）；即如字面之意，對話的參與者，必須努力抓住他人的觀點彼此產生心靈的交會。在過程中，對話者除要有親密的關係外，語言溝通扮演了重要角色，可以說它是社會與個人內在心智間之重要橋樑（Berk, 2001），是一個主要的心智工具；它之於心智之作用，有如機械工具之於身體一般（Bodrova & Leong, 1996）。舉例而言，當人們在表達意見時，即是在整理自己的思緒，澄清自己的想法，會有「愈說愈清楚」的感覺。綜上所述，社會文化層面既對兒童發展與知識建構扮演舉足輕重角色，因此個人必須與社會緊相連結，以為未來能力與自主發展鋪路（Berk, 2001）。

Vygotsky 對兒童的發展除提出社會文化的影響性外，又揭示了「近側發展區」（Zone of Proximal Development，簡稱 ZPD）的概念。他認為運用 ZPD 的概念，成人可以引導孩童向前發展、成熟與自主。所謂近側發展區是指：一個兒童現在實際心理年齡層次，與在他人協助下所表現解決問題之層次，二者之間的差距區域（Vygotsky, 1986）。具體而言，在近側發展區段中的能力，是目前尚未成熟，仍在胚胎狀態，但卻是在成熟的過程中，在明日即將發芽結果的能力。例如兒童在發展正式科學概念之前，會具有一些自發的科學概念（參見周淑惠編，2002），在發展正式數學概念之前，會擁有一些非正式算術（參見周淑惠，2000b）。對 Vygotsky 而言，教育的目的就是在提供落於孩子發展區間內的經驗，這些活動雖具有挑戰性，但卻可以在成人引導下完成（Berk, 2001）。在這樣的論點之下，教學不僅在符合兒童目前現有的發展觀點，而且也在創造兒童的近側發展區，提升其認知發展層次；教學唯有在發展之前，喚醒並激發生命中正在成熟中的功能，才是好的（Vygotsky, 1978）。兒童的概念發展與其他各項發展既有近側發展區間存在，教師應如何幫助學童向前發展，成為教學

上所關注的重大課題；Vygotsky（1978）則深信成人引導或與能力較高同儕合作確能提升心智發展。

　　綜而言之，人類的心智發展是在社會文化中形成的，因此在課程與教學上強調在社會文化情境中建構。然而，Vygotsky「社會建構論」所強調的是「兒童與成人共同地建構知識」，相對於 Piaget 之「建構論」，其重點是置於「兒童與環境互動，自我活躍地建構知識」（Fleer, 1993）。在社會建構論下，將學生視為在社會中共同解決認知衝突的有機體；老師的角色為積極搭構引導鷹架者與共同建構者。基本上，它認同幼兒是一個建構者，但必須是在整個社會文化情境下與成人共同的建構；它也認同知識是一組關係，必須透過與環境互動而學習，新的知識是與幼兒既有知識體系整成一個系統，但它更強調與學習社群共享、共構知識。表 3.2.1 即分別就學生角色、老師角色以及知識性質與角色列出傳統的「吸收論」、「建構論」與「社會建構論」之特徵，有助吾人更加理解社會建構論與其他理論之異

表 3·2·1　三種教學理論之比較

	吸收論 （告訴乃論）	建構論 （發現乃論）	社會建構論 （鷹架乃論）
學生角色	被動收受的空白容器。	主動解決認知衝突的有機體。	社會中共同解決認知衝突的有機體。
老師角色	灌輸主導，要求學生背誦、練習，並運用獎懲措施。	促動學生自己建構發明，盡量不介入。	搭構鷹架，並積極引導與學生一同建構。
知識性質與角色	知識是「事實」（fact），新知識是零星「累積」於學生既有知識堆中。	知識是「一組關係」，新知識與學生既有知識體系「統整成一個系統」。	知識是「一組關係」，新知識與學生既有知識「統整成一個系統」，並與學習社群共享、共構知識。

同。筆者進而從知識獲得觀點來為三種理論下註解,社會建構論可稱之為「鷹架乃論」,因為它非常強調共同建構情境下教師搭構學習鷹架;建構論可稱之為「發現乃論」,因為它非常強調個別幼兒與環境互動,透過發現而學習;至於吸收論則可稱之為「告訴乃論」,因為幼兒乃是一個被動收受的容器,由聽講、練習而習得知識。

詳而言之,社會建構論有四項基本精神,即在課程與教學上有四項重要原則:知識建構、共同建構、引導鷹架、語文心智工具,茲分別敘述如下。

一、強調知識是建構的

根據 Piaget 之「動態均衡理論」(the Equilibration Theory),認知發展是一種個體在環境中為解決認知衝突,透過同化、調適,以達均衡狀態的內在自我規制的過程(Ginsburg & Opper, 1988; Piaget, 1970, 1976)。本書開宗明義即指出幼兒是個探索建構者,而建構教學之「幼兒觀」即是把幼兒視為知識建構者,是一個能透過同化、調適自我解決認知衝突而學習的有機個體;換言之,兒童有不讓自己矛盾的一個內在需求,當外在資訊與內在既有認知結構有異時(矛盾產生),兒童會改變自己的認知架構,建構新的看法以消除矛盾,於是學習自然產生(Forman & Kaden, 1987)。建構教學之「知識觀」是把知識視為一組關係,新獲得的知識必須在現有認知結構中尋找關係與定位,與幼兒原有知識體系整合成一個新的系統。而建構教學之「學習觀」則是認為人類是靠對自己「操作行動」加以「省思」(to reflect on his own action)而學習的;換言之,人類知識的獲得是一個活躍的過程,知識是建構的,了解一項東西是要去操作它並轉換它,兒童必須「變換」(transform)物體的狀態,並觀察、省思物體變換所引起的改變,才能獲得知識(Piaget, 1970, 1976)。例如兒童一定要親自以各種力道拍打過球,觀察球的不同彈跳高度,省思自己的施力度與球

彈跳高度間的關係，才能體會「當自己愈用力拍時，球則彈得愈高」的道理。就此而言，新時代的教學應強調幼兒的手動（動手操作、親身體驗）、心動（動心思考、解決問題）以及他動（相關事物皆配合牽動，如：球的自由取用、不同種類球的提供），以利發現答案、解決問題或建構知識，而非被動地坐等他人灌輸知識（周淑惠編，2002）。

二、著重師生共同建構

　　基本上幼兒園是幼兒最近、最直接的社會文化情境，而幼兒園中的老師是幼兒最近的社會文化情境中的最重要影響人物。社會建構論不僅強調知識是建構的，而且更強調師生共同建構，在共同建構過程中，產生共享的理解或心靈的交會，讓社會文化中的觀點與資訊轉移至孩子的內在心理層次。Bodrova 與 Leong（1996）指出，促進發展與學習有三項重要策略，「運用共同活動」即是其中重要的一項，在共同活動與成人、同儕間的互動中，幼兒透過語文的使用（說話、塗鴉、繪畫、書寫等），讓其心靈專注，思考變得清晰，並有改正想法的機會。而且在共同活動中也傳達了社會價值，它可以說是提供了學習動機之社會情境，是幫助幼兒提升其近側發展區能力的一個非常重要方式。也就是說師生共同建構是社會建構論有別於建構論之重要觀點，在此立論之下，教室變為「學習社群」，在此社群中的每一成員對於全體成員於探究過程中所正萌發的共享性理解，均有顯著的貢獻（Palincsar, Brown, & Campione, 1993）。而在師生共同探索、建構或解決問題過程中，教師不僅要盡量促其成員運用探究能力（觀察、訪談、預測、推論、找資料、記錄、比較、驗證等），即所謂的手動、心動、他動；而且也要促動社群間的對話、交流與合作，即所謂的「人動」。換言之，在師生共同建構知識過程中，手動、心動、他動與人動（周淑惠編，2002）成為重要特徵。

三、力倡搭構引導鷹架

　　社會建構論與建構論的教學，最大的不同點在於社會建構論強調老師的鷹架引導角色。其實鷹架引導的實例在生活中俯拾皆是，例如幼兒學騎自行車，剛開始是成人在旁扶持整個車身，不斷提醒用力踩、保持平衡；繼而只扶後座，大聲讓幼兒知道親人在後面扶持著，要其不要害怕，看前方，繼續保持平衡；然後則是在後亦步亦趨，有時扶著，有時偷偷放手一小段，不忘誇讚幼兒表現並提醒幼兒要轉彎；到最後則完全放手，幼兒終能自行騎乘。這整個歷程就是一種引導性的協助，不但有肢體動作的引導，還有言談方面的引導，甚至包含更前階段──提供幼兒輔助輪的運用。重要的是，孩子在成人所搭構的鷹架協助下，可以有超越他目前水平的表現──由不會騎乘至能駕馭自行車，這就說明了近側發展區的存在，以及成人引導協助的重要性。

　　正因為孩童有近側發展區的存在，Vygotsky 主張教學唯有在發展之前，即教學必先於發展，而非坐等能力成熟，上述孩子不會騎乘自行車前就教導他如何騎乘，就是最佳的例子。Wood、Bruner 與 Ross（1976）呼應 Vygotsky，提出了「鷹架支持」（scaffolding）的譬喻；在此一鷹架譬喻中，兒童被視為正在營建中的建築物，社會環境是所需要的鷹架，它支護兒童的發展使之能繼續建構新的能力。換言之，Scaffolding乃為教學的重要成分，是師生間的互動方式（Berk & Winsler, 1995）；在成人與兒童共同建構的互動行動中，由成人運用各種策略為兒童搭構學習的鷹架，以幫助兒童建造能力。Tharp 與 Gallimore（1988）則將教學定義為「被協助的成就表現」（Assisted Performance），他們認為不能把學生丟在那兒自我學習，老師不能自我滿足於提供學習機會與評估學習成果而已，學童的心靈必須被激活，回應與協助性互動應該成為教室中的主要地位；至於協助的方式包括：示範、彈性管理、

回饋、講授、提問、提供組織架構。Rogoff（1990）以及 Lave 與 Wenger（1991）等學者則提出「學徒制」（Apprenticeship）教學方式的譬喻，以師徒關係說明教學的情境與教師的角色。基本上，學徒制的主張是教師在教學中視學生的進步而逐漸放手，減低其主導角色，其所用的六個教學策略有：示範（modelling）、教導（coaching）、搭構鷹架（scaffolding）、說明（articulation）、反思（reflection），與探索（exploration）（轉引自 Bliss, 1995）。

四、重視運用語文心智工具

維氏的巨著——*Thought and Language* 充分顯示，語文不僅是溝通表達工具，而且能使吾人作邏輯思考與學習，有別於其他動物，亦即語文是一項重要的「心智工具」（Bodrova & Leong, 1996）。語文的運用包括聽、說、讀、寫、塗鴉、繪圖等，書寫語文是高層次的思考，讓思考更清晰、更有順序的呈現。語文向外則可以與他人溝通思緒，當成人與孩童一起生活與工作時使用語言，語言就成為協助孩子將內在心智生活與文化情境觀點融合的有力工具（Berk, 2001）；例如透過言談對話的心智投入，如：陳述觀點、爭辯，可以讓親身體驗、驗證的科學活動更加發揮知識建構的效果（Watters & Diezmann, 1997）。而話語向內（私語）則可自我溝通、規制行為與思考，許多概念與能力的學習乃藉此一獨自私語的程序，例如「左點右點跳跳跳」的口訣確實能提醒動作順序，加速幼兒律動的學習。

若語文是心智工具，則言談對話（discourse）可以說是教師為兒童搭構鷹架、引導其學習的核心內涵；上述幼兒學習騎乘自行車，成人在扶持過程中不斷以口語引導之例，即是非常明顯。Bruner 與 Haste（1987）則明白指出師生言談對話即具鷹架引導作用。基本上言談搭架的形式包括：糾正孩子的初論、藉回應孩子的意見與提供行動建議去引導孩子解決問題、協助孩子運用語文適切地表徵概念等。Bodrova

與 Leong（1996）亦指出，言談即是鷹架，在師生共同活動中，雙方對談交流進行「教育性對話」（Educational Dialogue），即能提升兒童的心智功能。所謂教育性對話非開放討論，而是有其目標並運用問題去引導學生朝向該目標，是一個「教師引導的發現之旅」，它可以幫助幼兒導正迷思概念與避免思考的死結。

具體而言，在幼兒園師生共同建構知識的過程中，運用語文心智工具包括：師生間運用口說語文策略（陳述觀點、討論、辯論、訪談、聆聽等），以達理解、澄清與統整作用；以及運用書寫語文策略（對幼兒言如：畫日誌畫、畫圖、塗鴉記錄、作圖表、自製小書、在老師協助下查閱圖書或上網等），以求知辨真、表徵概念的理解，或記錄探究歷程與結果。

Palincsar、Brown 與 Campione（1993）曾指出：最有效的社會互動是共同解決問題情境中的互動形式，在此一情境中由擅用語文心智工具者所引導，共同建構，以提升近側發展區段中的能力。筆者認為這樣的情境與教學頗能因應學前幼兒能力脆弱、不穩定的特性，相信在教師適宜的引導與支持下，可以促進幼兒向上發展。特別是強調運用語文聽、說、讀、寫能力於探究建構行動中，將語文作為「探究工具」，不僅達探究目的，且可緩和家長對讀、寫、算成果表現強烈要求的壓力，頗為適合我國幼教生態。

第三節　新紀元幼兒園課程／教學之特色

針對培養求知人、應變人、民主人、地球人、科技人、完整人的新紀元幼兒課程／教學目標，前章幼兒發展與學習的特性——文化情境性、全人發展性、漸序發展性、個別差異性、探索建構性與具體經驗性，以及本書所揭櫫社會建構論之基本精神，筆者以為新紀元幼兒「課程」的特色應為：探索性與統整性；「教學」的特色為建構性、

鷹架性與遊戲性；至於在「課程設計」上的特色為計畫性與萌發性，茲分別闡述如下。

一、課程特色

新紀元幼兒園課程的特色應富有探索性與統整性，此一主張不僅符應美國全國幼兒教育協會（NAEYC）所倡之「適性發展的幼兒教育教學實務」（DAP）（Hart, Burts, & Charlesworth, 1997; Krogh, 1997），而且也被課程學者所推崇。例如 Eisner（1994）在其《重新考量認知與課程》一書中指出，學習必須是解決問題取向的，以發展學生的分析與探查能力；而且學校課程也希望能增加多元表徵形式，不僅限於數學、語文等教學，以幫助不同的個體建構概念與知識，因每個人表徵與建構知識的方式是不同的；此外也須幫助學生看到不同領域間的關係，實施整合性課程。

(一)探索性

為讓幼兒與「時代摩天輪」共舞，充分體驗未來社會生活所需能力，吾人以為，一個講求探索思考、解決問題的探究取向課程，可能是課程創新較佳之選。亦即新紀元課程與教學第一個要件是必須具有探究特性，讓幼兒探索未知事務或問題情境，在發現答案與解決問題歷程中建構知識與精熟探究能力。Henderson 與 Hawthorne（2000）曾提出革新的教育或革新的課程，有三個重要支撐鷹架：⑴以思考為旨的建構主義的「學科學習」；⑵強調主動探究的「自我學習」；⑶培養對均等、多元、尊重、敏覺的民主人的「社會學習」。此一課程革新 3S 鷹架（學科學習、自我學習與社會學習，其英文字母均以 S 開頭，故稱之為——3S 鷹架）實與筆者所揭櫫之新紀元課程目標——培育求知人、應變人、民主人、地球人、科技人與完整人，以及探索取向的課程不謀而合。

所謂探索性，意指幼兒本其舊經驗與知識，透過與周遭環境中的

人、事、物互動方式，包括：手動（動手操作、親身體驗）、心動（動心思考）、人動（人際互動：對談與合作）、他動（相關事物皆配合牽動），以探索未知事務，或解決相關問題，最後發現答案、獲得知識與增進探究能力。而在探究過程中所運用的探究技巧諸如：觀察、訪談、推論、查資料、驗證、記錄、討論、比較等。又所探索的未知事務或相關問題情境均是幼兒在其每日生活中，或是在其社會文化情境中經常存在的，這些問題或議題諸如：環保小尖兵、我家附近、我生病了、選舉到了、神奇的電腦、世界你我他、小機器大妙用等。吾人以為透過以上探究技能，以及人際間的合作、對談，幼兒得以了解未知議題或解決相關問題，並在過程中體驗求知、應變與民主生活。這樣的課程與教學不僅足以讓幼兒適存未來變動與競爭的世代，而且也強調心智思考與共同建構，亦符合社會建構論基本精神。總之，一個探索性的課程所強調的是培養幼兒的各項探究技巧，讓幼兒運用各種探究方法去探索未知與解決問題，它不僅符合幼兒發展與學習特性——文化情境性、全人發展性、漸序發展性、個別差異性、探索建構性與具體經驗性，而且也符應「與輪共舞」主張與社會建構精神，它與傳統灌輸講授、照本宣科的課程與教學是截然不同的。

(二)統整性

新紀元課程與教學第二個要件是必須具有統整特性，所謂統整性課程是以一個主題概念或知識為核心，整合幼兒各領域／學科的學習。新紀元課程目標之一是培育完整發展的個體，因此著重各領域均重且不偏廢的統整性設計是最佳考量。統整性課程除了在課程設計層面統整了各學習領域外，根據課程專家 Beane（1997）所指，它還涉及「經驗的統整」、「社會的統整」與「知識的統整」三個層面（將於第四章主題課程的意涵中敘述），可創造有意義的學習。的確就現實世界而言，當吾人遭遇問題或困惑情境時，我們並不會停下來去問，哪一部分的問題是屬於語文？哪一部分的問題是屬於音樂？或屬

於數學？而是整體性地去思考運用什麼樣的知識，才是對解決問題最合宜、最相關的知識，或者是急切地尋求現階段我們所未擁有的解決問題的必要知識。

　　總之，課程統整是指師生共同選定與生活有關且含涉多學科面向的議題或概念，作為學習之探討主題，並設計相關的學習經驗，以統整該主題脈絡相關的知識、經驗，並試圖理解該主題或解決該問題。它具有幾項特色：(1)師生共同設計；(2)建立民主社群；(3)以探討某項主題為旨；(4)追求知識與實際運用知識；(5)有朝氣、有活力與挑戰性的教學（Beane, 1997）。因此它是培育新紀元求知人、應變人、民主人、地球人、科技人、完整人的良好課程，更重要的是它呼應了幼兒的學習是全人投入的全方位學習型態。

二、教學特色

(一)建構性

　　強調探索性的課程，其教學當然著重知識建構，孩童在探索未知議題或待解決問題情境之過程中，必須運用各種探究技巧，結果很可能就會發現與建構知識。而無論是科學性主題，或社會性主題均可運用探究技能，科學性主題可以運用觀察、推論、預測、實驗、比較、溝通等「科學程序能力」（Scientific Process Skills）；社會性主題雖無法實驗，但仍可運用訪談、查資料、對談、討論、比較、檢視探索前後紀錄等方式加以驗證、澄清或統整自己的推論或想法。本書不僅強調建構性，更強調成人與兒童共同建構，共創理解。因此在建構的過程中，最大的特色是「手動」、「心動」、「人動」、「他動」，即探究者本身的身心，以及周遭環境所有的人、事、物均跟著活絡起來。總之，學習者是主動且活躍地建構知識，而非被動收受知識。

(二)鷹架性

　　新紀元教學特色之一是鷹架引導，即在師生共同建構中，教師給

與適當的協助，引導其了解社會文化的重要價值與技能，以提升發展，在此一教室是學習社群的情況下，師生共創「共享的理解」，以達心靈交會，此亦為民主社會的重要特徵之一，符合培育未來新紀元民主人之課程目標。至於鷹架的內涵各家略有差異，如：Lave 與 Wenger（1991，轉引自 Bliss, 1995）提出：示範、教導、搭架、說明、反思與探索；Tharp 與 Gallimore（1988）提出：示範、彈性管理、回饋、講授、提問與提供組織架構；Bodrova 與 Leong（1996）則提出：援用仲介工具、運用共同活動與使用語文心智工具；筆者（周淑惠，2005）則提出回溯鷹架、語文鷹架、架構鷹架、同儕鷹架、示範鷹架與材料鷹架（將於第四章「主題探究取向課程／教學——意涵與實例章」中陳述）。不過大家均認為鷹架引導必須「漸退」其比重或主導性，上述幼兒能獨立騎乘自行車的例子，就是在大人的引導協助下，逐漸體會平衡之道，而大人的引導協助是呈現適度的漸退狀態，逐步減少協助，讓幼兒得以發展自身能力。若成人的引導協助量持續飽和不減，如一直為幼兒把持龍頭與車身，則幼兒就永遠無法體驗平衡之道，達獨力騎乘之境了。又搭構引導鷹架特別要注意的是，鷹架引導只有在兒童現有的近側發展區之內才有效果，我們不會也不可能預期五歲幼兒在鷹架引導下能表現十歲兒童的發展層次。最後，鷹架引導的主要目的是要幫助兒童建構知識，因此過與不及皆不恰當，過度強行引導無異揠苗助長，功效不彰且有礙身心，它與傳統吸收論教學只有一線之隔，在運用時要十分小心。

(三)遊戲性

　　新紀元教學要件之一是必須具有遊戲性，因為研究顯示遊戲對幼兒的認知、語文、情緒、創造力、社會能力等各方面均有俾益，不但有助於新紀元課程目標——完整個體的實現；而且在遊戲中探索，帶來豐沛的趣味性與學習動機，有利學習效果，因為幼兒在遊戲時是全人全心地投入，常至忘我境界。著名的認知心理學家 Piaget 與

Vygotsky 均強調遊戲對孩童發展的重要性，此外，Steels（2003）提出未來學習重要聲明的第一項就是要讓學習者有趣、好玩，遊戲中探索則是最有利手段。至於遊戲的種類可以是團體遊戲、探索遊戲或角落遊戲，透過各種不同的遊戲方式，帶來強烈的學習動機與全人發展的效果。

三、課程設計特色

新紀元課程設計上的特色是要兼顧計畫性與萌發性，茲分別敘述如下。

(一)計畫性

為要培育求知人、應變人、民主人、地球人、科技人與完整人，與考量幼兒發展的漸序性，新紀元的幼兒課程要有規畫，要將求知探究的「能力」如：觀察、蒐集資料、推論、訪談、驗證、討論、比較、分析、歸納、記錄等與創造「能力」，求知探究的「情意」如：喜歡探究之心、正向的探究態度、樂於創意表達等，以及涉及大、小肌肉發展的身體「技能」預先納入課程計畫之中。計畫是課程之鑰，在第壹篇，吾人開宗明義即提及，課程雖是幼兒園內所發生的事，但在現實生活中若無規畫，即什麼事也不會發生。尤其幼兒的發展是漸序性的，因此讓幼兒有計畫地練習，加深、加廣各項技能與情意是極其必要的；再從社會建構觀點而言，教學必先於發展，教學必須創造兒童的近側發展區，因此教師了解幼兒的近側發展區與預先的規畫，就顯得非常重要。Smith（1996）所言甚是，她認為根據社會文化論，強調老師對幼兒的發展具有強有力的影響角色，因此老師必須觀察幼兒，了解他們之文化架構，並且對於教學必須是非常有意識的，必須知道自己在做什麼，以及為何如此做。簡言之，為提供高品質幼教，必須要有良好思考的課程／教學目標，並根據目標加以規畫幼兒的學習。

(二)萌發性

新紀元課程設計的另一個要件是必須具有萌發性，課程要有預先計畫的成分，也必須要有臨時加入的空間。未來的學習要以孩子為重心（Steels, 2003），在課程進行歷程中，有時幼兒會對事先安排的課程中的某一項活動特別感興趣，或是某項偶發的生活事件激起幼兒熱列的回響，這時候老師就應該有彈性容許臨時萌發的課程內容，以滿足幼兒的探究興趣。吾人皆知興趣是學習之源，是探究的動力，當幼兒顯現充分興趣時，教師應把握時機適度調整課程。而有些時候是生活中偶發事件或社會上正發生的大事，具有教育上的重大意義也必須臨時納入課程之中，如：禽流感、腸病毒盛行，選舉亂象發生等。吾人以為，面對新紀元挑戰，必須要培育幼兒的「應變力」，教師顯現應變性，容許臨時萌發的課程，將是應變力之最佳表率。此外，Krogh（1997）曾言：課程活動與教材不應該是靜態的，老師必須視幼兒的進展調整難度、複雜度與挑戰性；吾人頗為贊同其言，幼兒的近側發展區是動態的，作為一個老師要經常了解並創造孩子的近側發展區。總之，幼兒課程／教學要能兼顧整學年的「計畫性」與臨時的「萌發性」。

綜上所述，面對新紀元培育求知人、應變人、民主人、地球人、科技人與完整人的課程目標與幼兒發展與學習特性——文化情境性、全人發展性、漸序發展性、個別差異性、探索建構性與具體經驗性，以及在本書社會建構論精神下——強調知識是建構的、著重師生共同建構、力倡搭構引導鷹架、重視語文心智工具，一個富探索性、統整性、建構性、鷹架性、遊戲性、計畫性與萌發性的課程與教學，顯然比較是吾人所主張的課程與教學型態；就此，吾人發現一個「主題探究取向」的課程可能是較為合宜的課程／教學型態。因為它在課程上兼具統整特性與探索特性，而且在教學上也含括遊戲性、鷹架性與建構性，並且在課程設計上統整考量計畫性與萌發性。下一章即在介紹主題探究取向課程。

4 第四章

主題探究取向課程／教學
──意涵與實例章

承上數章所言，既然在社會建構論下，一個主題探究取向的課程／教學是較為符合幼兒發展與學習特性，以及新紀元社會生活所需的課程／教學型態，本章則進一步探討主題探究取向課程到底是什麼？然即使是同一課程模式也有不同呈現面貌，主題探究取向課程／教學亦有不同走向，因此，本章並舉中外課程與教學實例闡述理論在實務上的不同呈現，包括義大利 Reggio 主題探究取向課程／教學與筆者在國內幼兒園所做的主題探究取向課程／教學研究。

第一節　主題探究取向課程／教學之意涵

一、主題探究取向課程／教學之意義

「主題課程」（Theme-based Curriculum）是當代幼兒課程的主流，也是最能反映未來紀元所需的幼兒課程。因為主題課程深具探究性。主題確立後，在師生共同探究、建構的歷程中，不僅獲得該主題的相關知識，而且也習得探究技能，因此它也是最能反映未來紀元所需技能的課程。例如：在「我的城市」主題中，幼兒出外尋訪與「觀察」城市建築、古蹟；「訪談」城市名人與耆老有關城市的軼事歷

史、當今大事或未來建設藍圖;在老師協助下「查閱」相關書籍與「上網」尋找城市相關資料;以繪圖「記錄」觀察所見或訪談所得,或在老師協助下以文字「記錄」所查詢資料;同儕與師生間「討論與報告」所獲資訊;「檢視與比較」前後紀錄之差異等,均是在探究「我的城市」這個主題。它充滿了求知力與行動力;而且在探究過程中不斷地以各項探究成果來「驗證」自己的想法或「推論」;甚至在遭遇瓶頸時也能思考如何設法突破限制,「解決問題」。可以說在整個探究歷程中,幼兒透過同儕與師生間的互動以及大量使用語文心智工具,不僅因其探究行動得以建構對我的城市的相關知識,包括:歷史面向、地理方位、城市大事、城市組織與管理、景觀與建設等;而且也從運用觀察、訪談、查閱、記錄、報告、驗證、推論、解決問題等探究技能中,讓這些能力更加純熟精進。而這樣的課程是在整個大的社會文化情境中,師生共同決定與共同行動的,再加上探究主題所必須運用與精進的技能,在在反映是適應新紀元求知、應變、民主生活所特別需要的課程/教學型態。因此,本書將主題課程也稱之為「主題探究取向課程」。簡言之,主題探究取向課程強調探究的精神,主題知識是學習者運用各種探究技能而獲致的,有別於傳統教師主導式的課程與教學。舉如本章第二節義大利 Reggio 的課程/教學、第三節我國及幼幼稚園的課程/教學,以及本書第五章第一節所舉之「好吃的食物」主題課程/教學設計例子,均屬主題探究取向課程。

　　而何謂主題課程呢?它是一個有中心論點的組織計畫活動,它統整了核心論點的相關概念與幼兒發展的各個層面,作為課程凝聚的核心。具體言之,它通常是師生共同選定與生活有關且含涉多學科面向的議題或概念,作為學習之探討主題;並設計相關的學習經驗,以統整該主題脈絡相關的知識,以及試圖理解該主題或解決該問題。吾人以為任何的主題內涵均可探究,無論是偏向社會性的主題,如:我的社區、各行各業,或是較屬科學性的主題,如:小種籽的一生、光與

影，或是二者兼具的主題如：地球生病了、旅行與交通工具，均可讓幼兒運用求知探究能力去探索未知或解決問題，如上所述之「我的城市」主題即是如此。就此而言，一個幼兒園所若要發展園所本位課程，強調在地特色與優勢，就可以選定在地文化與相關議題作為課程探究的主題，如位於偏遠山地的幼兒園，可以以山地原住民文化與優勢的自然環境為主題內涵，這些主題諸如：好山好水、我的家鄉我的根、豐收與祭典；而在幼兒探索山地文化與自然環境內涵時，強調手動、人動、心動與他動的探究歷程，實際運用觀察、訪談、查閱資料、記錄、討論、驗證、比較等探究能力，建構對山地文化與自然景觀的理解。

　　在教學實務上，主題課程有許多風貌，大體上而言，近年來所風行的「全語文課程」（Whole Language）、「萌發課程」（Emergent

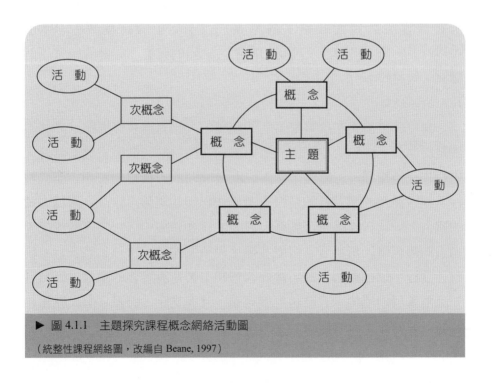

▶ 圖 4.1.1　主題探究課程概念網絡活動圖

（統整性課程網絡圖，改編自 Beane, 1997）

Curriculum)、「方案課程」（Project Approach），均是以一個主題概念或知識為核心，統整了幼兒各領域的學習，因此主題課程絕對是一個「統整性課程」。當今社會許多重要議題，諸如：環境保護、社區生活、人際關係、健康與疾病等，均涉及多學科或整合多學科；又在實際生活中遇到問題時，吾人並不會把問題拆分為數學、語文、自然等面向，我們都是整體地看待問題，因此統整性課程有其重大意義。至於主題課程如何統整幼兒各領域學習，如圖 4.1.1 所示，乃以中心的主題概念為核心，向外分析其次要概念或次次要概念，即該主題概念的「知識架構」，而各概念間是相關的，共同構成了一個完整的主題；然後才在概念或次概念之下設計能達成該概念目標的各領域活動，包括：語文、科學、律動、美勞等。值得注意的是，有些活動同時可以促進二個概念或二個以上概念的理解與探索，有些概念則有好幾個不同的活動，同時均可助益於該概念的探索與理解。主題課程除了在課程設計層面統整了各學習領域外，根據課程專家 Beane（1997）所提，它還涉及經驗的統整、知識的統整、社會的統整三個層面，敘述如下。

1. 經驗的統整

　　課程統整首先在統整學習者的經驗。人們對自我與周遭世界的看法是從其個人經驗中建構與省思而來的，經驗的建構與省思成為吾人處理未來所遭遇——無論是個人或社會問題的一種重要資源。而統整性課程所涉及的學習經驗是吾人所無法忘懷的經驗，它涉及兩種方式的整合，一為新經驗整合於吾人現有的概念基模中，一為組織或統整過去的舊經驗以幫助吾人自處並運用於新問題情境中。具體言之，統整性課程可以統整吾人的新舊學習經驗，製造有意義的學習；因為當知識附著於情境中，有脈絡意義可循，且與文化、背景、個人經驗相關時，或者愈是深度與精心地被探求著，就愈可能被理解、學習與記憶。

2. 知識的統整

　　課程統整背後所隱含的深層涵義之一，即是將知識當做解決真實問題的一項工具，因為它是以生活中涉及各領域知識的議題讓兒童探討，在探討或解決問題過程中，自然萌發運用新舊知識與追求知識的技能。「知識即力量」，可用來解決問題，但是當知識被視為分科組織下的片段訊息與技能時，它的力量則受限於科目界限而消失。愈來愈多的研究顯示，寓於情境脈絡的知識，尤其是情境與學生的生活經驗相連結時，知識愈是可及於學生，學習愈是容易。又當我們理解知識是整體性的，我們就愈能彈性地、有如真實生活般（不分數學面、社會面、歷史面等）地自由判定問題，並能運用廣泛的知識去解決問題。

3. 社會的統整

　　課程統整也是一種社會性的整合，一個民主社會中的學校，其重要功能在提供各種不同背景的學生，社會上所重視價值的統整經驗，此常被稱為「通識教育」，是每一位社會民眾所必備之知能。它的課程是以個人或社會上所發生的重大議題為探討中心，由師生共同計畫與實施，體認並施行各領域知識的統整，以獲得通識知能。在此一師生共同創造的社會性統整、民主化教室情境中，知識對學生而言，更可接近、更富意義。

二、主題探究取向課程／教學之益處

　　至於主題探究取向的課程／教學有什麼好處呢？吾人以為它可以紓解分科課程的缺失、促進有意義的學習，充分符合幼兒發展與學習之特性，達培育完整幼兒之教育目標；而且它可以反映新紀元社會需求，培育適存於未來社會生活的公民。

(一)紓解分科課程缺失

　　幼兒的學習是無法分割的，主題課程具統整特性，符合幼兒全方

位學習的特質，讓幼兒的學習不致割裂破離，無法理解與連結。因此主題課程可說是解決當今「分科教學」缺失的靈藥。分科教學最大的缺失是在有限的授課時間下，為完全涵蓋所有科目內容，必然形成幼教學者 Elkind（1988）所言「急速課程」（Hurried Curriculum）的趕課現象，培養只學到膚淺教材內容的「急速兒童」（Hurried Child），不僅所學膚淺，而且內容支離破碎，毫不相干，形成理解與運用之困難。此外，各科教師間基於本位主義，常流於搶上課時數的現象，完全不考量幼兒才是學習的中心。統整性課程除明辨各科重疊處，減少趕課時間外，還凝聚與連結兒童的經驗，促進理解，引發更多的新學習。

(二)促進有意義的學習

主題課程的探究主題通常是幼兒感興趣的重要議題，或是必須體驗的重要經驗，如：與時令慶典有關之節慶，或是周遭社會中正發生之重大事件與議題，或是幼兒生活中的重大經驗；而且是透過生活化的探究行動，在實際運用知識、技能中，獲得寶貴的知識、技能。具體言之，知識被視為理解問題或解決問題的重要工具，孩童一面探究，一面運用知識並獲得知識；可以說，知識寓於情境脈絡，深具意義，易於理解。因此，主題探究取向課程對幼兒而言，是最容易理解的，是最貼切、最有意義的課程。

傳統分科課程的知識乃為傳授而傳授，毫無情境意義，可以說是偏重「脫離情境脈絡的知識」，忽略「行動中的知識」。而且支離破碎、毫無關係的分科學習，在科技整合的當代，似乎無多大意義，它留待太多的連結工作給兒童自身，導致兒童無法理解。相對地，主題探究取向課程具統整性，課程整合是讓課程內容對學生有意義的非常重要策略，而且當兒童親身體驗各科整合以探討某一主題的過程，必然會增進其對科技整合必要性之理解，為未來紀元作準備。

(三)符應新紀元社會需求

　　幼兒園課程制定必須以培育未來社會所需技能為最高宗旨，而主題探究取向課程深具探索性、統整性、建構性、鷹架性、遊戲性、計畫性與萌發性，不僅符應幼兒發展與學習特質，能促進有意義的學習，而且也能培育符合新世代社會生活所需的技能。此乃因為主題探究取向課程在師生共同決定主題與共同探究下，在過程中運用相關探究技能，包括：觀察、查資料、驗證、推論、比較、討論、訪談、記錄、分析等，最後不僅建構主題相關知識，而且也精進探究相關技能，因此它是最能反映未來紀元社會生活所需的課程，也是最能培育求知人、應變人、民主人、地球人、科技人與完整人的課程。

(四)培育完整幼兒

　　主題探究取向課程以中心主題或概念為核心統整各領域的學習，在過程中運用各種探究技能，因此，不僅重視知識的獲得，而且也非常強調求知、應變的技能，以及喜歡探究、樂於創意表達、正向自我等情意面向；換言之，幼兒在實際運用知識與解決問題歷程中，同時獲得知識、技能，以及培養情意與態度。而就另一方面而言，學習面向統整涉及各個學科領域，絕非分割片段，符合幼兒以身、心、靈全方位學習的特質；而且也同時統整了孩子的經驗、知識與社會的價值，因此易於培育完整幼兒。

　　綜而言之，主題探究取向課程充分符應第三章所揭示的新紀元課程／教學應有之特色：探索性、統整性，建構性、鷹架性、遊戲性、計畫性與萌發性，裨益新紀元課程／教學目標之實現──培育求知、應變、民主、地球、科技與完整人。而且它也符合第一章所提及幼兒發展與學習的特性──文化情境性、全人發展性、漸序發展性、個別差異性、探索建構性與具體經驗性。更重要的是，它強調師生共同建構，符合本書理論基礎與精神──社會建構論。各幼兒園可以將在地文化與優勢、園所特定目標（如美德等），以及未來新科技與生活等

作為主題內涵的考量，發展有特色的園本課程；並且在教學上透過師生共同建構與探究，得與未來紀元共舞，培育能適應於未來社會的完整個體與公民。因此，主題探究取向課程可能有多種風貌，因每個園所的目標、優勢與在地特色均不相同，最重要的是，無論是何種風貌均要強調「與輪共舞」的時代目標，在課程／教學中著重探究能力的培育。

第二節　Reggio 主題探究取向課程／教學之實例

本節旨在以實際施行的課程／教學例子，來說明具社會建構特色及符應新紀元社會需求的「主題探究取向課程」。吾人詳述在國際間頗負盛名，而且充分反映社會建構論與主題探究精神的義大利 Reggio 幼兒園的課程／教學實例，包括其理念、實務特徵，以及其曾進行過的主題探究實例，盼藉此詳實介紹能深入淺出地呈現社會建構論與主題探究精神，促進理論與實務間的連結。

一、理念──社會建構觀點

Reggio 幼兒園的教學無疑的是建構取向，而且是立基於社會建構理論的。它認為知識不僅是建構，學習不僅是個別行動，而且知識是共同建構的，學習是與人有關、與他人共同建構的（Moss, 2001）。Forman（1996）也指出 Reggio 幼兒園的建構主義表現於幾方面，實充分顯現共同建構特色：(1)鼓勵幼兒間的交流對話，了解彼此觀點；(2)建立全體對一個探究主題的共同理解；(3)促進孩子想出想法、假設或是作結論；(4)鼓勵幼兒檢視這些想法的可行性與完整性。

基本上 Reggio 對孩子的基本假定是：「孩子是能自發地透過計畫、與他人協調及歸納的心智活動，從每日生活經驗中創造意義。」（Malaguzzi, 1993）。誠如Rinaldi（1993）在《孩子的一百種語言》一

書中所提，Reggio 對孩子的意象是豐富的、強壯的與有能力的，充滿潛能與彈性。不過，Reggio 創始者 Malaguzzi（1993）曾明白指出：Piaget 的建構主義孤立了兒童於建構知識中的角色，因此顯示幾個重要缺憾，諸如：低估成人在促進認知發展上的角色，很少重視社會互動，呈現思考與語言間的鴻溝……等，因此 Reggio 開始把注意力轉移到認知發展的社會互動角色上。Reggio 教學專家 Rinaldi（1993）亦言，所有的知識是由自我與社會建構過程而產生，Reggio 的教育方式是將每個孩童放在與別的孩童、老師、父母、自己歷史、社會以及文化環境發生關連之上。

　　因此 Reggio 教室就是一個大的「學習社群」，內有許多學習團體，學習團體的四個重要特色是：成員包括成人與幼兒；製作幫助學習明顯可見且能形塑所正發生的學習的「檔案記錄」（documentation）；學習團體的成員共同從事情感、美學與智能方面的學習；學習團體中的學習延伸於個人學習之外，最後創造一個集體知識（Krechevsky & Mardell, 2001）。而其重要指標有八：(1)成人與幼兒均覺他們對整個大的團體有所貢獻；(2)幼兒表現出持續成長的感覺，並樂見其理論被修改、發展與精進；(3)個別孩子的發現成為學習團體思考的一部分；(4)一段時間後，學習團體的成員鞏固他的概念，並能運用所獲概念與能力於不同情境；(5)評量與自我評估是具指引學習團體學習程序的重要方式；(6)共同合作策略是學習過程中的重要部分，並決定學習的品質；(7)團體所設定的目標是經由統整手邊的工作程序與內涵而達成；(8)兒童與成人使用思考與情感的語言（Krechevsky, 2001）。

　　而針對語文是探究行動的心智工具，Malaguzzi（1993）曾誇讚 Vygotsky 提出一個非常珍貴的教育洞見，那就是：思考與語言共同運作形成想法，並做成行動方針，然後據以執行、控制、討論、描述此一方針。然而，Reggio 幼兒園不僅強調孩子在探究時運用語言心智工具，如討論、陳述觀點，而且也很重視運用各種形式的表徵工具，因

為孩子本就具有一百種表達的語言,即多種表達方式,例如:繪畫、雕塑、肢體表現等,而且也樂於表現(Edwards, Gandini, & Forman, 1993)。在透過各種表達媒體與方式,幼兒表露其現階段的想法、假設、理論、甚或行動方針,再經持續不斷的表徵、分享、討論、實作與重訪經驗(revisiting)等步驟,孩子則會從過程中試圖修正其想法;吾人從孩子在不同階段的豐富繪畫或雕塑作品中,即可看出孩子的心智變化。因此藝術媒體不僅有表徵功能,且是一項重要的心智工具,持續不斷的表徵成為 Reggio 幼兒探究知識的一項重要方法。整體而言,Reggio 幼兒園給人的第一個印象是一個充滿「藝術表徵與對話交流的學習社群,社群中的每個學習團體均表現出相互支持性與了解性」。

至於就社會建構論的重要特徵之一──鷹架引導而言,Malaguzzi(1993)明白指出 Vygotsky 的近側發展區理論給與老師教學時適當介入的價值性與正當性,因為 Reggio 幼兒園看出「教」與「學」的對立困境,以及無法脫離社會情境面獲致知識的生態社會性。因此,Reggio 幼兒園的老師在幼兒探索時也會適時搭構鷹架與介入,支持與持續幼兒的建構行動。

二、實務──學習社群特徵

Reggio 幼兒園「學習社群」的特徵具體而微地顯現在其環境空間、教學成員、教學策略,與教學角色等各個面向上,茲分別敘述如下。

(一)環境空間

正因為社會互動被視為認知發展的一個重要部分,Reggio 幼兒園的空間被規畫成能促進彼此交流互動之處。Rinaldi(1990, 引自 Gandini, 1993)曾指出:「孩子必須感受整個學校的空間、教材與探索方案,是重視與維護他們的互動與溝通。」Malaguzzi(1996, 引自 Nutbrown & Abbott, 2001)並言:「環境應作為一種反映想法、倫理、態度與在

地人文化的水族館。」因此 Reggio 空間大致上有幾個重要特性：⑴尊重個人與群體，具有大、小空間且與外界相通、適宜人居的「整體柔軟性」（overall softness）；⑵強調豐富感官刺激與尊重不同感受的「多元感受性」（multisensoriality）；⑶珍視研究、實驗，是一個實踐建構主義場所的「建構知識性」（constructiveness）；⑷強調各種不同元素交互作用，產生動態平衡和諧美的「豐富常態性」（rich normality）（Ceppi & Zini, 1998）。

具體而言，Reggio 幼兒園通常是很明亮的，陽光充足，有落地大窗，或者玻璃隔牆，顯示社群感，而牆面大都為白色，環境中的彩色是幼兒的各樣表徵作品。另外有許多大小不等空間，方便小組互動、大團體集會與個別獨處。整體而言，Reggio 幼兒園的環境空間充分顯示是支持孩童社會互動、探索與學習的一個場所，比較特別的有如下設置。

1. 集會廣場（Piazza）

學習社群顯現在環境上最明顯的特徵是中心集會廣場的設置，它是幼兒分享遊戲與交流會談之所，裡面的陳列布置充分顯示園內、社區的層層文化。廣場上通常設有鏡子與稜鏡，供幼兒們從各個角度觀察自己，建立自我認同，也讓外在環境能延伸反映於內部空間中（圖4.2.1）。

2. 藝術工作室（Atelier）

藝術工作室通常緊鄰於每班教室旁，是一個充滿表徵媒材的小空間，其功用有三：提供一個讓孩童精熟各種表徵媒材的技能之處，幫助成人了解孩童的學習歷程、溝通表達與認知發展之處，以及提供教師製作孩童學習檔案記錄的工作坊

▶ 圖 4.2.1 集會廣場（本圖取自於 Ceppi & Zini, 1998）

▶ 圖 4.2.2　藝術工作室（本圖取自於 Ceppi & Zini, 1998）

（Vecchi, 1993）（圖 4.2.2）。藝術教室中有駐校藝術教師，有豐富的經驗與資歷，他也是學校中的一個正式成員，協助幼兒以各種媒材表徵其想法。

3. 檔案記錄展示面板（Documentation Panel）

　　幼兒園牆面上到處貼有顯示幼兒學習的「檔案記錄展示面板」，記錄著幼兒園中各個團體的各項研究方案的學習軌跡，顯示幼兒的研究成果，供家長、社區欣賞與討論，增進社區對幼兒園的了解（Nutbrown & Abbott, 2001）。而展示面版上的記錄，不僅有照片與文字，而且其文意充分顯現記錄者的省思與分析。

(二)教學人員

　　共同工作是深植於 Reggio 幼兒園的每件事務上。事實上老師與幼兒、幼兒與家長、廚工與幼兒、幼兒、老師與駐校藝術教師、幼兒與幼兒間等，均工作在一起，教學責任是共享分攤的，不只落在班級教師的肩上（Knight, 2001）。

1. 協同教學教師（Co-teachers）

　　每班有兩位協同教學教師，均負責教學與班務，兩人合作且互補。例如一位老師教學時，另一位老師可擔任與別班老師、家長或教學專家進行溝通聯絡工作，展現協同合作榜樣供幼兒學習。

2. 駐校藝術教師（Atelierista）

　　藝術教室中有駐校藝術教師，有豐富的經驗與資歷，也是園內的一個正式成員，協助幼兒以各種媒材表徵其想法。每天早上藝術教師會巡視教室三次，了解孩童的表徵工作；有時直接介入孩子的學習，介紹新的表徵素材，創造從未發生在孩子身上的可能性；有時提供教

師諮詢意見，並幫老師看見其原本無法看見的視覺可能性（Vecchi, 1993）。基本上，他必須與老師、家長與教學專家等密切合作，以幫助孩子建構知識。

3. 教學專家（Pedagogista）

教學專家是 Reggio 系統很特別的設計，他既擔任局內人角色，也擔任局外人角色。局內人是指他促使教師省思孩子的學習；幫助老師改善觀察與傾聽技巧，為孩子的方案計畫做檔案記錄與執行自己的研究。局外人是指他鼓勵幼兒園透過訪問與研討，與家長、社區、城鎮，或是更廣大社會，甚至國際社會，交流合作。

(三)教學策略

Reggio 社會建構取向的教學有下列七項重要策略與特徵，在整個學習社群深入建構每一研究主題（方案）時，這些教學策略乃充分發揮作用，促進社群的共同探究行動，此即所謂的「鷹架引導」。

1. 重溫舊有經驗（revisiting）

在進行一個方案探討前或在探討過程中，老師會請幼兒們回憶一個事件，幼兒你一言、我一語，共同勾起塵封往事，共築集體印象與記憶（Forman, 1996）。重溫記憶常伴隨著照片、錄音甚或錄影的呈現，事實上，每個禮拜幼兒均觀賞上一個禮拜的探索進展照片，以創造共同記憶並且聚焦於正在探索的主題。為幫助孩子重溫想法，讓思緒更加清晰可見，老師經常要求幼兒運用表徵媒體──繪圖、雕塑、木工、模擬情境、硬紙工等，以及孩子的話語，以表達他們現階段的認知或理解。這種強調不斷回溯、重訪經驗，以舊經驗為向上建構知識的基礎，對幼兒的學習不僅極富意義，而且幫助極大。

2. 鼓勵協同合作（collaboration）

社會互動是兒童學習很重要的部分，透過共享活動、溝通、合作，甚至衝突，孩子共同建構對世界的知識（Gandini, 1993）。詳言之，教師會盡量鼓勵幼兒間分工合作，形成許多小組，共同完成一項

工作；即在同一時間內，教室中各個區域充滿各種學習活動與團體；基本上，幼兒可依自己的興趣、年齡、能力等選擇學習團體一起共同探究。老師通常會給很充足時間讓幼兒討論、發展合作計畫，重溫之前的繪畫表徵或活動照片，以及評論表徵作品或活動照片（Nutbrown & Abbott, 2001）。在協同合作過程中，孩童必須專注於彼此間的協調磋商以及自我觀點的修正與建構。

3. 促進交流對話

為促進學習社群的運作，在幼兒探索過程中，無論是在重訪經驗、展現表徵作品、擬訂行動計畫，或是在共同合作進行方案時，教師均會鼓勵幼兒盡量交流對話。在團體中，孩子有時發表、有時傾聽，成員均意識自己對團體有貢獻意見的義務，也期待他人會給與意見。在過程中，孩子們也會運用某一個孩子的想法，延伸其他想法或是引發所未曾探索之事（Gandini, 1993）。

舉例而言，在 Reggio「人群」探索方案中，當有幼兒被質疑畫出面朝同一方向前進的人潮時，該幼兒解說是因為他們都是朋友，都往同一方向去。其他幼兒立即提出疑問，認為在人群中不見得都是朋友，而且走在假日時的人潮，到處被碰撞，人潮其實是從四面八方而來的。因此有人建議必須畫一些背面、側面的人群，不能全畫正面的人。當有幼兒推說不會畫背面，其他幼兒則說：我們必須學習如何畫（張軍紅、陳素月、葉秀香等譯，1998）。

4. 提供多元媒材

在幼兒探索過程中，教師與藝術教師通常會共同合作，提供各類表徵媒材讓幼兒自由運用，以表達探究過程中的種種想法。這些媒材通常均是會引發幼兒探索、實驗行動的材料。例如：投影機、幻燈機、電腦，以及各種藝術表達媒材，如：黏土、水彩、積木、布條、紙卡等。例如在「劇院簾幕」方案中，幼兒就是將其所繪之草圖輸入電腦，運用電腦科技擴增圖形變化的各種可能性，刺激幼兒思考，創

作華麗的劇院簾幕（Vecchi, 2002）
（圖 4.2.3、4.2.4、4.2.5）。

5. 表徵幼兒想法（representation）

幼兒透過各種媒材表徵想法
時，通常是表達外在記憶，或顯現
幼兒現階段暫時的理論、假設，或
代表現階段某一行動計畫。藝術被
視為表達一組關係系統（Forman,
1996）。換言之，藝術是一種探索
工具，讓幼兒的思緒展現、流露於
學習社群，引發之後的熱切討論。
透過不斷的表徵、重訪經驗以及表
徵後的交流討論，幼兒的思考愈來
愈清楚，且有機會看到不同觀點並
試圖修正自己的觀點。

6. 傾聽各種表達

Reggio 幼兒園教師不僅要求幼
兒以各種方式表達想法，而且要求
幼兒能傾聽他人表達。誠如 Rinaldi
（2001）所言，傾聽是任何學習關
係的前提，透過傾聽，幼兒可以學
習協調不同的觀點。因此，在學習
團體中，成員以所有的感覺（聽
覺、視覺、觸覺等）開放、敏感地
傾聽他人所表達的百、千種語言、
符號等，是很重要的，也是團體共同的期待行為。

▶ 圖 4.2.3　華麗的劇院簾幕（本圖取
自於 Vecchi, 2002）

▶ 圖 4.2.4　幼兒分工製作簾幕（本圖
取自於 Vecchi, 2002）

▶ 圖 4.2.5　幼兒把草圖放入電腦軟
體，觀察圖形變化以刺激靈感（本
圖取自於 Vecchi, 2002）

7. 記錄探究軌跡並展示（documentation）

　　Reggio 教師的另一項重要工作是，每日捕捉、記錄與分析幼兒建構歷程與策略，將文字與照片貼於版面上；此種學習檔案記錄是敘事性的，它吸引人之處在於呈現資料之餘並有豐富的問題、疑惑與省思，它表達了記錄者創造意義的努力。它的功用在於讓幼兒隨時可重溫記憶；讓幼兒的學習過程與策略清晰可見、可評估；讓各主體間（教師、家長、幼兒、社區人士等）擁有共同可討論的事務。它可以說是知識建構過程中統合的部分，大大地強化了學習的效果（Rinaldi, 2001）。這種檔案記錄展示方式也讓家長與廣大社區了解孩子的努力與學校的用心，更能支持孩子的學習。

(四)教學角色

　　教師在 Reggio 學習社群中很重要的角色是傾聽者、觀察者，提供發現與歡樂機會的「促進學習者」，只有在重要時刻才介入，一反傳統傳輸知識者角色。Rinaldi（1999，引自 Scott, 2001）所言甚是：「假如我們深信在知識建構過程中，幼兒擁有他們自己的理論、解釋與問題，那麼在教育實務上最重要的動詞不再是說教、解說與灌輸，而是去傾聽。」作為一個「促進學習者」，老師乃透過活躍、互惠的對談交流，成為孩子隨手可取的補充資源，建議想法與提供多元選擇，是幼兒的支持源頭（Malaguzzi, 1993）。因此 Rinaldi（1993）指出對老師角色很大的挑戰是：為了要讓正在發展中的認知與社會互動，得到最佳的支持，正在發展中的認知與社會互動，成人必須出現，但又不能干擾打斷，強行灌輸。

　　但 Reggio 的老師並不是完全放任幼兒建構，在 Vygotsky「近側發展區」理論影響下，必要時老師也會適時介入，例如：當孩子表現瀕臨向前躍進，快要看見大人所見之際，成人可以並且必須提供幼兒判斷意見與知識（Malaguzzi, 1993）；有時老師必須透過挑戰幼兒的答案，引發有成果的認知衝突；而有些時候老師必須採取行動，以讓正

在建構中的知識，因不符目前認知發展層次，導致失掉興趣的一個探索情勢，得以重新復活（Rinaldi, 1993）。老師的另一個很重要角色是記錄幼兒的探究軌跡，製成學習檔案看板，讓孩子可以重訪這些探索軌跡，已如上所言。作為一個促進學習者，當然老師也是一個「環境提供者」，提供富多元刺激的環境讓幼兒探索，以及準備學習檔案看板供幼兒重訪經驗與討論。在這樣的觀察、傾聽、記錄與準備環境的「促進學習」角色下，老師跟隨著孩子的興趣與發展，因此，課程好似一個旅程般，隨時有意想之外的發展，教學主題則變成幼兒的探究方案（Krechevsky & Mardell, 2001）。除此外，老師也是一個「研究者」，將研究帶入教學中，經常省思所蒐集的觀察紀錄與錄影帶，並將其帶入教學會議中分享、討論，以達改善教學之目的。

三、主題探究實例舉隅——小鳥樂園

此處以「噴泉：為小鳥建造樂園」這個主題方案來描繪 Reggio 的建構教學（張軍紅、陳素月、葉秀香等譯，1998；黃又青譯，2000）。「噴泉：為小鳥建造樂園」這個主題的最初想法是要設置一池清水給棲息在校園裡的鳥兒們解渴，經班上幼兒的對談討論，拋出許多有趣的想法。因為小鳥既會口渴，也會肚子餓，也會疲累等，所以蓋鳥屋、鞦韆、噴泉、摩天輪等想法紛紛出籠，最後大家共同決定要幫小鳥蓋有很多噴泉的樂園，每一位幼兒均躍躍欲試，急於探索。

接著幼兒們用了兩個早上的時間到城裡去觀賞各式各樣的噴泉，一面觀察，則一面發表看法，並且拍照留存與繪圖記錄。回到教室後大家紛紛分享其觀察所見與其所繪之圖，如以下幼兒之語。

費力波：「我看到的那個噴泉，它的第一層水是平平地流出來，第二層噴得比較強，然後最後一層的水就從管子裡往上噴。」

　　討論過後，幼兒們繪畫、製作模型，將噴泉想法表徵出來，於是幼兒們製作的噴泉模型陸續出籠，例如：天使噴泉、雕像噴泉、彎彎彩虹噴泉等。

　　喬爾嘉：「我的噴泉有一個台子撐著，從中間管子流出來的水就裝在這個像杯子一樣的地方。水從左右兩邊流出來。噴泉把水像湧泉那樣噴出來，這是一個像彎彎彩虹的噴泉，也是一個哭泣的噴泉。」

　　而幼兒對於噴泉是如何運作的，都有他自己的「天真理論」，這些天真理論如下（張軍紅、陳素月、葉秀香等譯，1998；黃又青譯，2000）：

　　安德烈：「噴泉一直在動，水從地下的管子流出來……是輸水管讓噴泉的水不停地流的。輸水管的水永遠都是滿滿的。下雨的時候，水就從天上來……最下面一定有一個馬達能把水推到上面來。」

　　費力波：「為了讓噴泉更漂亮，他們做了不同的噴水口，水就從輸水管流到水管。當水管傾斜向下流的時候，水流的速度就會變快，然後流到噴水口那裡，水就這樣不斷地流。……只要一下雨，輸水管裡面就滿滿的都是雨水。空氣會把水推出來，輸水管裡好像有一些大型的壓縮機，可是你看不到……。」

　　西蒙尼：「我覺得所有噴泉裡面都有很多水管，所以才能噴水……可能水會一直往上噴，一直噴到最上面，一直到樹梢那麼高的地方。」

　　幼兒們經過製作模型、繪圖，表達自己的想法，並且彼此間經過多次討論後，已經獲得一些有關噴泉的資訊，也知道每個人都有不同

的想法，以及自己不知道的還有很多。於是老師適時介入在教室裡架設起水管、輸送管、水槽、水盆、水車等可以實驗的工具與情境，讓孩子動手操作實際驗證他們自己對噴泉的想法。幼兒邊玩邊探索水流快慢、噴水狀態、水車轉動，以及水流速度與水道斜度的關係，從中發現許多有趣的知識。例如：幼兒知道用手指壓住水管口，水就會噴得遠且水花細密；水道如果稍微傾斜，水就會往下流動；以及水是隨著容器變化的液體等。

▶ 圖 4.2.6　摩天輪噴泉（本圖取自於黃又青譯，2002）

經過實際的玩水實驗，幼兒們驗證自己的想法，以及之前的繪圖、製作模型、觀察真實的噴泉，再加上不斷地分享、討論自己的表徵作品；幼兒終於知道如果要做真的噴泉，水壓要夠大才行，而且也知道要用硬的材質如鐵、木頭等，並且要在模型裡面放水管才能噴水。在最後的小鳥樂園開幕典禮中，各種好玩的噴泉出現，例如：有給鳥玩的「摩天輪噴泉」（圖4.2.6），水可以順著管子向上流到輪子上，輪子就動起來；有由兩把傘製作而成的「雨傘噴泉」（圖4.2.7），水會從傘骨流出到下一把傘，然後流到地上水池。此外，樂園裡還有其他可供小鳥玩樂的設

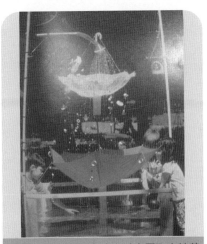

▶ 圖 4.2.7　雨傘噴泉（本圖取自於黃又青譯，2002）

施，如：滑梯和鞦韆、升降梯、水車等，這些東西均是幼兒幫他們的朋友——小鳥考量而設計與製造的。而社區家長們均前來觀賞、參與此一小鳥樂園開幕典禮的盛會。

> 愛連娜：「我做了一個輪子噴泉，它是鳥的摩天輪遊樂園，那裡有彩色的木椅子，有一根支撐其他木棍的大柱子，這些椅子給小鳥休息用……水從一根管子流到車輪子上讓它能轉動。」

> 娃蓮蒂娜：「前幾天我在水槽裡用吸管做了一個噴泉，我放了幾個風車和一些讓水流出的吸管，水從吸管中流出來，流到風車上，風車就會轉起來。」（圖 4.2.8）

從以上「噴泉：為小鳥建造樂園」的課程／教學實例中，充分顯示幼兒的能幹與潛能，以及老師與幼兒共同建構的情景。當在最初論及為小鳥製造樂園時，每個人均急於嘗試，有幼兒覺得很困難，其他幼兒就說：「喬萬尼和老師會幫我們，我想試著做看看。」可見老師給幼兒的意象是永遠會與幼兒同在，提供必要支持與協助的。舉例而言，當幼兒以模型、繪圖表徵對噴泉的想法好幾次，而且也已對談討論許多次後，老師適時介入，在幼兒協助下共同搭建了一個很棒的實驗場景，讓孩子可以動手操作與驗證自己的想法。而在最後的小鳥樂園展覽會中，有關水管的架設、大的模型如風車的架設，均是由老師與幼兒共同合作的。在整個探究歷程中也充分流露 Reggio 的教學特

▶ 圖 4.2.8　吸管噴泉（本圖取自於黃又青譯，2002）

徵：重溫舊有經驗（噴泉照片、繪畫與模型表徵）、鼓勵協同合作（全班合力製作一個包含萬象的小鳥樂園）、促進交流對話（針對幼兒想法、作品彼此給與意見）、提供多元媒材（包括水管、雨傘、水盆、黏土、風車、輪子等）、表徵幼兒想法（透過繪畫、模型與口語交流）等。而就整個學校的環境而言，它延伸於戶外，甚至整個城鎮，是充滿樂趣的，是幼兒省思想法的「水族箱」，同時也充分反映居於其中人們的文化與態度（Rinaldi, 2003）。可以看出整個社區、家長均關心幼兒的學習，積極參與最後的成果發表會。總之，從此一噴泉課程實例可以看出在師生共同建構的場景中，幼兒透過各種表徵與探究方式，包括藝術、語言、操作實驗等，以探究噴泉與小鳥樂園的生動的課程與教學，無疑地，這是一個探究取向的主題課程。

第三節　國內主題探究取向課程／教學之實例

　　近年來，國內有一些幼稚園在課程與教學上非常用心，也實施主題探究取向課程／教學，例如經常出版課程紀實的台中愛彌兒幼稚園，與以藝術為特色的四季幼稚園。吾人以愛彌兒「鴿子」主題為例，說明其主題探究精神。在孩子自己記錄的「鴿子的研究書」中（圖 4.3.1）充分顯現孩子乃透過各種探究能力，如：觀察、記錄、推論、實驗等，建構鴿子的知識與了解，包括：鴿子吃什麼？如何飛行？會游泳嗎？等（台中愛彌兒教育機構、林意紅，2002）。

　　而筆者曾於新竹市私立及幼幼稚園進行為期兩年的國科會研究，其重點是以社會建構論為精神，實施主題探究取向課程／教學；所強調的是師生共同建構、於探究中運用語文心智工具，以及教師搭構引導鷹架幫助幼兒學習。社會建構論已於第三章中闡述，且於上節 Reggio 主題探究取向課程／教學中復加說明，因此有關及幼幼稚園的主題探究取向課程／教學的敘述將著重在實務方面，以供有心施行主題探究取向課程／

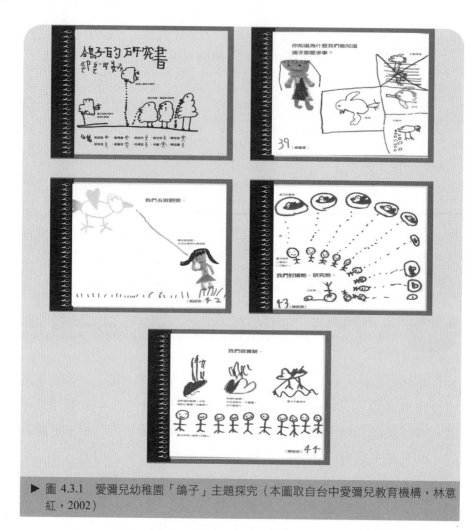

▶ 圖 4.3.1　愛彌兒幼稚園「鴿子」主題探究（本圖取自台中愛彌兒教育機構，林意紅，2002）

教學之實務工作者之參考。讀者將可發現及幼幼稚園的主題探究取向課程／教學是與義大利 Reggio 課程／教學不同的，但是二者均非常強調知識的探究與建構，以及老師的鷹架角色。本節包括二部分：第一部分將以二個主題探究的課程／教學實例，說明其社會建構教學與探究成分；第二部分則進而分析其教學引導策略，即所提供的教學鷹架。

一、及幼幼稚園主題探究實例

　　為了解及幼的主題探究取向課程／教學，此處將以「美麗的春天」與「千變萬化的衣服」兩個主題為主，分別說明社會建構教學與探究精神，而於文段分析必要時，方以其他主題實例補充之。

(一)「美麗的春天」主題

　　「美麗的春天」主題約進行十週，其主要教學活動有：澆水實驗、外出賞景與賞櫻、查圖鑑找花名、測量與記錄氣溫、「春冬有何不同？」分組討論與發表、「春天的活動」親子作業與分享、「我們研究春天的事情」、春天主題成果發表會、主題最後統整活動，及期初／期中／期末主題概念討論等。茲舉數項重要活動分析與說明其社會建構與探究成分，並請見圖 4.3.2 (1)～(11)。

表 4·3·1　「美麗的春天」主題之社會建構與探究成分分析

主要教學活動	社會建構與探究分析
澆花實驗	★實驗前師生「共同討論」、「辯論」實驗變項、「預測」結果；「實驗」過程中「操作」、「觀察」；花枯了，孩子「假設」讓花曬太陽就能救活花，於是曬太陽再「實驗」；最後「比較」前後結果，「作結論」，並「排序」澆花過程中花況變化的圖卡。 ★在團討時，孩子「分享」在家澆花經驗；老師「搭構言談鷹架」，於澆花實驗過程中，讓幼兒「討論」與「思考」；老師也以攝影方式，「搭構回溯鷹架」讓幼兒「比較」花況前後差異。
外出賞景與賞櫻〔圖 4.3.2 (1)、(2)、(3)〕	★外出「觀察」景物，「比較」、「討論」、「發表」與上次外出時景物之差異變化；「記錄」（畫）外出觀察結果；「排序」櫻花生長狀況變化的圖卡。 ★老師經常帶幼兒外出到社區散步（每週約一～二次），並以電腦播出或列印數位照片，「搭構回溯鷹架」，讓幼兒「比較」景物前後差異。

| 表 4.3.1 | 「美麗的春天」主題之社會建構與探究成分分析（續） |

主要教學活動	社會建構與探究分析
測量與記錄氣溫	★每日固定「測量」溫度，「閱讀」度數；「記錄」（畫）每日氣溫；最後「歸納」「春天氣溫多變」。 ★較大幼兒能讀出度數並「繪記」於天氣變化圖表上，「引導」其他幼兒看出「春天氣溫多變」（「搭建同儕鷹架」）。
查圖鑑找花名（外出角）〔圖 4.3.2 (4)、(5)、(6)〕	★「觀察」社區與教室真花特徵，「比對」圖鑑、「尋找花名」並書寫出花名卡；最後「歸納」與「發表」比對真花與圖鑑之觀察重點。 ★「教師與幼兒一起比對」圖鑑，「討論」真花與圖鑑之異同，並「請教社區媽媽」花名與種類。老師也因此認識了不少花。 ★「外出角」的五位幼兒呈混齡組合，以較大同儕引導其他幼兒查圖鑑、找花名（「搭建回溯鷹架」）。
「我們研究春天的事情」〔圖 4.3.2 (7)〕	★「共同回憶」、「討論」在教室中所正進行的探索活動與細節。老師將幼兒討論出的活動書寫「我們研究春天的事情」於看板上，並將各項活動照片貼於其旁，幫助幼兒聚焦目前探索重點，搭構「回溯鷹架」，且顯示「學習社群」感。 ★幼兒在老師書寫的各項探索活動文字旁，以「圖畫註解」其意，幫助閱讀並統整經驗。
「春冬有何不同？」分組討論與發表〔圖 4.3.2 (8)〕	★「討論」、「比較」春冬異同；「記錄」討論結果於海報；分組「發表」結果；最後老師「統整」。 ★各組分別「討論」，組員「合作記錄」；然後各組「發表」，組間則「相互觀摩」、「共同學習」。 ★每一組成員中均有大、中、小組幼兒，以較大同儕引導其他同儕學習（「搭建同儕鷹架」）。 ★記錄有春冬異同討論結果的五組海報貼於教室布告欄下方，供幼兒「閱讀與討論」（「搭建回溯鷹架」）。
「春天的活動」親子作業與分享〔圖 4.3.2 (9)〕	★「與父母一起尋找資料」親子作業單——於各地進行的春天活動；輪流「發表」資料內容與找尋資料途徑。 ★老師也「分享」他找資料的途徑；全班藉個人分享「共同得知」各地其他各種活動，並「一起決定」春遊地點。 ★各項春天活動貼於布告欄中，讓幼兒「閱讀與討論」（「搭建回溯鷹架」）。

表 4·3·1　「美麗的春天」主題之社會建構與探究成分分析（續）

主要教學活動	社會建構與探究分析
春天主題成果發表會（事前籌備與發表會）〔圖 4.3.2 (10)、(11)〕	★「**教師與幼兒共同思考**」與「**討論**」如何呈現班上研究成果給家長，以及呈現那些內容？ ★教師帶領幼兒分組「**討論**」與「**合作製作**」邀請卡、參觀海報與參觀路線圖等；幼兒預演後於成果發表會中實際當小小介紹員，「**導覽家長**」。 ★在準備發表會過程中，教師為組內與組間幼兒「**搭構言談對話的鷹架**」，促進彼此間的協調與統整。

▶ 圖 4.3.2　及幼幼稚園「美麗的春天」主題探究

▶ 圖 4.3.2 (1)　外出觀景，觀察樹木長出新芽

▶ 圖 4.3.2 (2)　老師列印外出賞景前後圖片，供幼兒比較

▶ 圖 4.3.2 (3)　到社區觀察春天的花

▶ 圖 4.3.2 (4)　為戶外的花查圖鑑、找花名

▶ 圖 4.3.2 (5)　為教室的花查圖鑑、找花名

▶ 圖 4.3.2 (6)　找到花名後，小班幼兒描繪老師打底寫好的花名做標示牌

▶ 圖 4.3.2 (7)　幼兒於「我們研究春天的事情」看板上，以圖示記錄櫻花生長變化

▶ 圖 4.3.2 (8)　「春冬有何不同？」分組討論結果之各組發表（各組留一人對他組成員發表）

▶ 圖 4.3.2 (9)　親子作業與分享──分享所找到的「春天的活動」資料

▶ 圖 4.3.2 (10)　幼兒規畫「美麗的春天」主題成果發表會之參觀路線圖

▶ 圖4.3.2⑾　幼兒在主題成果發表會中擔任小小介紹員，導覽家長參觀

(二)「千變萬化的衣服」主題

「千變萬化的衣服」主題共進行約三個多月，有四項重點活動：衣服哪裡來？衣服與人的關係？衣服如何千變萬化？幫娃娃做新衣；茲分別分析與說明其社會建構與探究成分，並請見圖 4.3.3 ⑴〜⑿。

表 4.3.2 「千變萬化的衣服」主題之社會建構與探究成分分析

重點活動	社會建構與探究分析
衣服哪裡來？〔衣服怎麼做成的？線（材質）哪裡來？線、布與衣服的關係？〕〔圖 4.3.3 ⑴〕	★幼兒以放大鏡「觀察」各種衣服，「討論」衣服怎麼做成的。老師「詢問」幼兒如何能真正得知答案，幼兒答以「查書、上網」等；其後幼兒「分享」在家「與父母所共同蒐集」「衣服怎麼做成？」之資料，老師將其「記錄」於白板，並請幼兒「比較」其原始觀點與資料所載之內容差異。 ★幼兒「觸摸」並「討論」各種材質之衣物，教師「詢問」線從哪裡來，並請幼兒「繪畫」所知；在幼兒「分享」所繪內容後，教師「提問並引導」幼兒將答案「分類」；然後觀賞並「討論」「線、衣服從哪來？」影片內容（「搭建言談鷹架」）。 ★幼兒用放大鏡「觀察」、「觸摸」羊毛布料，並將結果「繪記」於白板；然後以長條布當粗線，「合作進行編織」（使之成一塊大布）活動。 ★教師請幼兒矇眼摸一位幼兒身上衣服及角落教具——布盒中的布塊，「猜臆」是哪位幼兒的衣服與哪一塊布。

表 4.3.2 「千變萬化的衣服」主題之社會建構與探究成分分析（續）

重點活動	社會建構與探究分析
	★幼兒「閱讀」《安娜的新大衣》──書與「觀賞」「Tina 的新衣」影片（老師請會裁縫的 Tina 的「家長製作」並拍攝，「提供材料鷹架與示範鷹架」），教師請其「比較」與「歸納」書與影片中二位裁縫師之製衣步驟（「提供言談鷹架」）；並實際「觀賞」家長為 Tina 做的新衣；然後幼兒用尺「測量」胸圍、袖長與肩寬。 ★最後「提問」幫助幼兒「統整」線哪裡來？布怎麼來？與衣服怎麼做成的（「提供回溯鷹架」與「言談鷹架」）？將其步驟以圖示「繪記」下來。
衣服與人的關係？ （適合不同氣候的衣服是什麼？我穿幾號尺寸的衣服？） 〔圖 4.3.3 (2)〕	★幼兒「觀察」、「觸摸」教室中老師所懸掛的各種布料與身上所穿的衣物（「提供材料鷹架」），「比較」各種布料之不同，並按氣候將衣物加以「分類」；其後「觀察」分類結果，將不同氣候的衣物特色加以「歸納」，教師則將「記錄」張貼於教室（「提供回溯鷹架」）。 ★穿不同尺寸衣服的幼兒分別「測量」身高，老師「記錄」、「統計」結果於白板，讓幼兒「觀察」、「比較」身高與尺寸的關係；在統計過程中，幼兒「發現」相同身高的幼兒，衣服的尺寸號碼不同；其後玩試穿衣服遊戲，幼兒「觀察」並「比較」不同尺寸號碼於某位幼兒之穿著效果，決定最適合某位幼兒尺寸的衣服。 ★最後老師將尺寸與身高「繪成統計圖」表，讓幼兒「閱讀」，「幫助」幼兒理解衣服尺寸除考量身高外，還需注意胖瘦、肩膀厚度等（「提供架構鷹架」）。
衣服如何千變萬化？ （衣服究竟有多少種顏色、圖案、樣式、裝飾、材質與洗衣服方法？又衣服標籤上之文、圖代表什麼意義？） 〔圖 4.3.3 (3)、(4)、(5)、(6)、(7)、(8)〕	★「觀察」、「比較」衣服之異同，「師生共同將其歸類」為顏色、圖案、穿的方法三方面之不同，並作為外出風城參觀的任務分組；在參觀時實際「觀察」、「比較」、「記錄」衣服的顏色、圖案與不同的穿著法；參觀後三組幼兒展示紀錄與「分享」參觀發現，「師生共同進行分類」，如：圖案組之動物類、文字類、條紋類等。 ★幼兒「觀察」自己最喜歡的衣服，「討論」衣服上有什麼並將其「歸類」；師生並「共同繪畫」衣服主題之概念網絡圖（「提供架構鷹架」）。其後全班「共同決定」分四組分頭進行「探究」：顏色與圖案、樣式與裝飾、標籤以及線、布

表 4·3·2 「千變萬化的衣服」主題之社會建構與探究成分分析（續）

重點活動	社會建構與探究分析
	料與洗衣服方法組。探究過程中每天均「分享」各組探究結果，師生並「共同記錄」於教室前所張貼之主題網上（「搭建回溯鷹架」）。 ★四組之探究方法包括：「觀察、分類、比較、同儕討論、分享、查閱相關書籍、上網、訪談裁縫師」等。例如顏色與圖案組「查閱」衣服雜誌上的衣服花色，剪下後依四季「分類」，在「觀察」、「比較」後「發現」春夏服裝顏色比較亮，秋冬顏色比較暗；此外並「回憶」「繪出」風城之行所發現之圖案類別，然後將之與風城之行紀錄「比對」，在「討論」後增加形狀類、其他類等。再如樣式與裝飾組「觀察」教室所吊掛幼兒從家裡帶來的「我最喜歡的衣服」，「找出」與外出風城觀察所不同的裝飾（如：立體裝飾、珠子）；老師「提問」還有什麼方法可以觀察到不同的衣服？幼兒答：查衣服的書、逛商店等，老師請幼兒「回家蒐集」，其後「閱書」找尋不同裝飾；又在過程中老師安排下，曾外出「訪談」裁縫師有關的疑惑不解處，如衣服上的網紗、洞是裝飾嗎？蕾絲與花邊是什麼？外出前，老師「提醒」幼兒要問裁縫師什麼問題。
幫娃娃做新衣 （每位幼兒為其娃娃或偶具做一件新衣並展示）	★請幼兒「分享」家長替某位幼兒製作的無袖娃衣過程；有幼兒想做有袖子的娃娃衣，教師請大家「分享」做法（「提供同儕鷹架」），並提供紙當布，實際「驗證」自己想法；其後請幼兒為娃娃衣「繪製」設計圖。
〔圖 4.3.3 (9)、(10)、(11)、(12)〕	★幼兒拿自己的娃娃與設計圖實際「試行」「製作」，過程中幼兒直接將娃娃放在布上畫尺寸，且只剪出一面的布；教師則介入請幼兒「分享」製作困難與問題；於是「提供回溯鷹架」，再次「觀看」「Tina的新衣」影片與「討論」製衣程序。 ★全班先將娃娃排列「比較」，「共同決定」製版數後，二師分別「示範」、「協助」幼兒製版或畫（「搭建示範鷹架」）、剪、縫布，幼兒實地「測量」娃娃尺寸、製版以及畫、剪、縫布，最後燙平、裝飾完成製作，過程中幼兒則「互相幫忙」（「建造同儕鷹架」），如：你壓布、我畫。 ★新衣製作完成舉行展示會後，老師請幼兒「比較」原畫設計圖與所製新衣之異同，以及「發表」製衣過程之困難處，由老師為幼兒的口述逐一以文字「記錄」。

▶ 圖 4.3.3　及幼幼稚園「千變萬化的衣服」主題探究

▶ 圖 4.3.3(1)　幼兒觀察線與衣服的關係？（線怎麼做成衣服？）

▶ 圖 4.3.3(2)　衣服與人的關係──我穿幾號衣？

▶ 圖 4.3.3(3)　幼兒參觀風城購物中心衣服部

▶ 圖 4.3.3(4)　參觀風城時，當場記錄觀察發現

▶ 圖 4.3.3(5)　衣服如何千變萬化？──老師協助幼兒上網查資料

▶ 圖 4.3.3(6)　幼兒訪問裁縫師相關問題

▶ 圖 4.3.3⑺　「線、布料小組」的探究紀錄

▶ 圖 4.3.3⑻　「標籤組」分享探究成果

▶ 圖 4.3.3⑼　為娃娃做新衣——製版後剪布

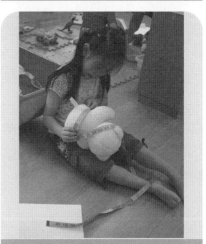

▶ 圖 4.3.3⑽　為娃娃做新衣——量尺寸

▶ 圖 4.3.3⑾　老師協助幼兒製版

▶ 圖 4.3.3⑿　展示自製的娃娃新衣

以上（表4.3.1及表4.3.2）呈現的兩個探究主題文段中加粗加黑並打「」號者，是為凸顯孩子與老師在共同探究的過程中所運用的「探究技巧」，以及共同建構的軌跡。筆者發現幼兒在以上兩個主題與其他主題的探究歷程中，均充分運用探究技巧，這些探究技巧包括：觀察、比較、歸類、記錄、訪談、討論、推論、找資料等；以及充滿師生「共同建構」的影子：舉例而言，在整個主題探究歷程中，均是老師與幼兒「共同討論」〔全班討論時的師生言談對話；分組討論時老師至需要協助之組別引導，甚至參與討論（圖4.3.2 (8)）〕、「共同記錄」〔幼兒繪圖記錄、老師以文字註記於圖上（圖4.3.5 (4)）；或者是老師將「師生間的討論立即記錄」於白板或海報紙（圖4.3.5 (6)）〕、「共同統計」〔如幼兒間測量身高，老師記錄結果，並繪統計圖示於白板（圖 4.3.6 (7)）〕；老師繪人物於白板方便幼兒計票與統計（圖4.3.5 (7)）、「共同驗證」〔老師安排觀察、訪談事項，幼兒與老師共同實地觀察、訪談等（圖4.3.3 (6)）〕等。進而具體言之，在「美麗的春天」主題，師生「共同比對」真花與圖鑑並找花名；老師寫文字，幼兒以圖形「共同記錄」「我們研究春天的事」看板；以及「共同思考與討論」如何展現「美麗的春天」主題成果發表會。就「千變萬化的衣服」主題而言，師生「共同討論」將各式衣服歸成數類以利分組探索；老師寫文字，幼兒以圖形「共同記錄」主題網絡圖，留下探索軌跡；分組探索時教師與幼兒「共同討論與記錄」；以及製衣時「共同決定」製版數並相互協助「共同製作」。

此外老師還提供各種思考架構（如：焦點思考、對照思考、相關思考、比較異同思考等），以幫助幼兒聚焦研討；以及運用各種鷹架策略（如：回溯經驗、言談與記錄、同儕討論與激盪等），以引導幼兒探究，幫助幼兒學習。而孩子所建構的知識清楚呈現於牆面的各種活動回溯記錄或主題探究網絡圖中，如圖 4.3.3 (8)。最重要的是園、家、社區之間的密切合作，參與幼兒的學習。例如在「美麗的春天」

主題中，父母與幼兒共同尋找春天各地所進行活動的資料，經常至社區賞花並請教社區媽媽，以及邀請家長欣賞主題成果發表會等。在「千變萬化的衣服」主題中，會裁縫的家長示範製衣步驟並被拍錄成影像，幼兒與父母在家共同蒐集「衣服如何製成」的資料與服裝雜誌及幼兒心愛的衣物進入教室，以及訪談社區裁縫師等。綜上分析實頗為符合社會建構教學之四項特徵：知識是建構與發現的、教室是學習社群、運用語文心智工具以及搭構引導鷹架。為更了解及幼老師的社會建構教學特徵，吾人乃進而分析其所搭構的教學鷹架如下。

二、及幼幼稚園鷹架引導策略分析

從以上兩個主題探究及筆者對其他主題的研究分析，發現及幼幼稚園老師在師生共同建構中為幫助幼兒學習，所搭構的教學鷹架計有六種：回溯鷹架、語文鷹架、架構鷹架、同儕鷹架、示範鷹架、材料鷹架，茲分別敘述如下。

(一)回溯鷹架

回溯鷹架是指重新回憶舊經驗，以勾勒記憶，營造主題氣氛，幫助幼兒沉浸於主題探究中。Forman（1996）曾指出「重訪既有經驗」（revisiting），共築集體印象與記憶是建構教學的重要策略之一；教師為幼兒搭建回溯鷹架，即是讓記憶短淺的幼兒重新回思探索的歷程與經驗，有利於主題的進行與概念的建構。回溯的方式可以是將教師與幼兒所共同探究的成果紀錄張貼於教室中，讓幼兒可以隨時回憶主題進行的點滴；另一種回溯方式則是運用科技媒體（如電腦、錄影機、實物投影機等），將出外賞景、尋訪或特別攝製的影片與照片不時地於團討分享時段播放或列印貼於教室，以喚起幼兒的共同記憶與熱烈討論。前者諸如在「我的學校，我的家」主題的幾個重點活動（圖 4.3.4 (1)、(2)、(3)）與「千變萬化的衣服」主題之四組探究成果（圖 4.3.4 (4)）均有留下探究紀錄或網絡圖，以及在「美麗的春天」主

► 圖 4.3.4　回溯鷹架

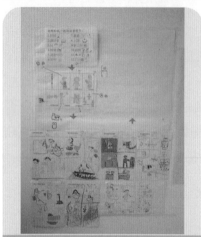

► 圖 4.3.4(1)　「我的學校，我的家」
主題之探究紀錄──回溯鷹架

► 圖 4.3.4(2)　幼兒閱讀與討論「我的
學校，我的家」主題之探究紀錄──
回溯鷹架

► 圖 4.3.4(3)　「我的學校，我的家」
主題之網絡圖──回溯鷹架

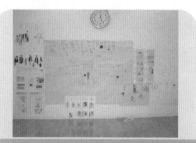

► 圖 4.3.4(4)　「千變萬化的衣服」主
題之探究紀錄──回溯鷹架

► 圖 4.3.4(5)　「美麗的春天」主題之
「我們研究春天的事情」看板──
回溯鷹架

► 圖 4.3.4(6)　老師於「美麗的春天」
主題中，列印前後景物變化，供幼
兒比較──回溯鷹架

▶ 圖 4.3.4 (7)　老師張貼「千變萬化的衣服」主題中角落活動作品展示──回溯鷹架

▶ 圖 4.3.4 (8)　「千變萬化的衣服」主題中角落活動作品展示──回溯鷹架

題師生共同回憶與記錄所曾進行過的活動於「我們研究春天的事情」看板上（圖 4.3.4 (5)）。這些紀錄都是幼兒與老師於主題中所共同進行過的活動軌跡，於活動結束後馬上張貼於牆面，將整個教室烘托出主題的氣氛。又及幼老師有時也會使用科技媒體，提供回溯鷹架，如：在「美麗的春天」主題每次出遊時，教師均會拍照，並於回來後將前後景緻變化透過銀幕播出或彩色列印（圖 4.3.4 (6)），讓幼兒回溯並比較；在「千變萬化的衣服」主題，當幼兒面臨實際製衣難題前，即觀看過數次由家長所拍攝的「Tina 的新衣」製衣過程，以喚起幼兒的記憶。此外，教師製作與主題相關教具置於角落，讓幼兒可以複習進而強化新獲知能，並且於幼兒完工後張貼懸掛，亦發揮回溯鷹架作用，如「千變萬化的衣服」主題中的編織與縫工教具（圖 4.3.4 (7)、(8)）；而且教師在該主題中於教室由上而下懸掛整排布料與吊掛各種衣物，讓幼兒每日可見，實亦營造主題探究氣氛，隨時提醒回溯。由於回溯鷹架除了錄影帶、數位照片播放外，大部分是呈現於物理環境中，如張貼於牆面、懸掛於教室，以供幼兒回溯，因此也是一種「環境鷹架」。

(二)語文鷹架

　　語文是心智思考的工具（Bodrova & Leong, 1996），透過語文可以引發幼兒思考與推理；而語文鷹架可分為二個層面，一是「讀寫鷹架」，一是「言談鷹架」。Bruner 與 Haste（1987）明白指出師生言談對話即具鷹架作用；Bodrova 與 Leong（1996）亦指出言談即是鷹架，在師生共同活動中雙方交流進行「教育對話」（educational dia-logue），即能提升兒童的心智功能。及幼幼稚園的「言談鷹架」有兩種方式，第一種是老師使用充滿問話的對談以刺激幼兒思考，例如「千變萬化的衣服」主題中，老師在幼兒觀看製衣影片前、中與後，不時提問：影片與書中裁縫師的製衣程序有何不同？（及幼九十三下教學活動觀察流程表 03/17，圖 4.3.5 (1)）。又如教師常在幼兒表達想法後詢問幼兒如何真正得知正確答案？（及幼九十三下教學活動觀察流程表 03/10）；而在幼兒查書或上網獲得資料後，又請幼兒比較其原始所表達想法與資料所載之差異（如及幼九十三下教學活動觀察流程表 03/15）。以及幼兒在觀察布料或衣服時，不斷提問許多問題，如：衣服上有什麼裝飾？和別人有什麼不一樣？還有什麼不同的裝飾？布裡面有什麼？怎麼變成布的？這些布摸起來有什麼不一樣？（及幼九十三下教學活動觀察流程表 03/22、03/29、04/20、05/05、05/11 等）。

　　第二種言談鷹架方式是經常讓幼兒分組或團體討論，激盪彼此思考、共同記錄並歸納答案（圖 4.3.5 (2)、(3)），而教室牆面所貼的各項重點活動紀錄（圖 4.3.4 (1)、(2)），就是幼兒的討論與探究成果，可以說分組討論或團體分享是及幼教學活動的主軸。

　　而第一種言談鷹架之具體實例為：當討論如何使教室像家一樣溫馨時，教師就運用言談對話，詢問幼兒許多擴散思考性問題，並持續追問，最後幼兒終於想出幾個方法：用玻璃紙貼於燈罩改變燈光顏色、合桌吃飯、鋪桌布、擺花於桌上等。以下即為教學情節中教師言談對話舉隅：

▶ 圖 4.3.5 語文鷹架

▶ 圖 4.3.5（1） 幼兒於「千變萬化的衣服」主題中觀賞錄影帶，老師並於觀賞中不時暫停與拋問——言談鷹架

▶ 圖 4.3.5（2） 幼兒在「我的學校，我的家」主題進行小組討論與記錄——言談鷹架

▶ 圖 4.3.5（3） 幼兒於「美麗的春天」主題進行小組討論與記錄——言談鷹架

▶ 圖 4.3.5（4） 老師在「我的學校，我的家」主題中詢問幼兒圖意，以文字註記——讀寫鷹架

▶ 圖 4.3.5（5） 老師於「我的學校，我的家」主題中，在幼兒圖旁註記幼兒圖意——讀寫鷹架

▶ 圖 4.3.5（6） 老師在「我的學校，我的家」主題中，一面討論一面書寫網絡圖——讀寫鷹架

▶ 圖4.3.5(7)　老師於「我的學校，我的家」主題繪記幾種人物於白板，讓幼兒方便進行計票記錄──讀寫鷹架

大　B：⋯⋯如果要讓我們的教室更像家裡的話，像你的家的話，你有沒有什麼可以幫忙？可以讓它更像家裡，可以讓你更舒服、更溫馨的辦法？

⋯⋯

⋯⋯

⋯⋯

大　B：想想看長頸龍的教室（即該班教室），跟你們家牆壁啊、天花板、桌子啊，有沒有什麼不一樣的地方？

⋯⋯

⋯⋯

⋯⋯

幼兒：天花板不一樣。

大B：怎麼不一樣？

幼兒：就是不一樣。

大B：怎麼不一樣啊？你們家的天花板跟學校的天花板有什麼不一樣？

幼兒：燈不一樣啊！

大 B：你們家的燈長什麼樣子？

……

……

……

大 B：但是我有一個問題啊，我們有沒有辦法把燈給拆掉換別的
　　　呢？

幼兒：不能！

大 B：對！那我們有沒有什麼辦法可以讓天花板的感覺跟家裡很
　　　像？

……

……

……

大 B：真的嗎？硬紙板喔！

幼兒：不是，用玻璃紙（意指用有顏色玻璃紙貼住燈罩，讓燈光
　　　變色）

（及幼九十三上教學觀察紀錄　2004/11/23 團討）

在「讀寫鷹架」部分，及幼常讓幼兒記錄，而且無論是在幼兒個
人以圖記錄（如：「我的學校，我的家」主題中之我覺得我會跟爸
爸、媽媽（老師）一起做什麼事？），或分組討論以圖記錄（如：某
一類人的工作內容，某一種感覺於家、園發生狀況等）時，教師均會
詢問幼兒圖意，並以文字加註於圖示紀錄上（圖 4.3.5 (4)、(5)）。此
外，在團討分享時，將討論標的或結果以圖文並示方式貼於海報或寫
於白板；或者是將概念的討論以一面討論一面書寫網絡圖方式呈現
（圖 4.3.5 (6)），以明確的視像幫助幼兒聚焦討論、思考或記錄討論結
果（圖 4.3.5 (7)）。以上這些圖示與文字紀錄並成為教室環境的一部
分，讓幼兒隨時可閱讀回溯，營造主題氣氛與思緒。

(三)架構鷹架

　　架構鷹架是指提供幼兒思考或活動的框架,讓幼兒有探究焦點,更加容易進入主題探究的狀況。及幼老師提供許多此類鷹架,例如「我的學校,我的家」主題中投票結果顯示大家認為老師最像爸媽,但實際上真否如此?老師實際工作內容究竟像哪一類人物?教師遂將七類人物名稱與圖示貼於海報上,方便全班幼兒聚焦討論如何調查每一類人物的工作內涵以實際驗證答案,並讓幼兒能立即以圖示記錄大家所討論或提議之調查方法,以利後續實際探究(圖 4.3.6 (1))。再如分組探討對家園各種感覺時,老師預先將八種感覺分別繪成一張張圖卡,並且製作八張中央畫分隔線、左右角落各有代表學校 Logo 與住家圖示之左右對照畫紙,分給每一組幼兒一張對照畫紙,讓幼兒能針對各該組所討論的感覺聚焦討論,並於畫紙上對照繪出這種感覺,在家與在學校各自所發生狀況(圖 4.3.6 (2)、(3))。又如探究園、家相關概念時,老師先於兩張海報紙中央分別繪出代表住家的圖示與及幼 Logo,再將幼兒討論的話語由中心圖示向外延伸畫寫記錄成網絡圖,讓幼兒強烈感受目前正在探討的是海報中央圖示的「家」(或園)的相關概念(圖 4.3.6 (4)、(5)),或者是「千變萬化的衣服」主題的相關概念網(圖 4.3.6 (6)),所拉出來的概念均與中心主題有關,聚焦幼兒的探究行動。此舉誠如大 B 老師於省思日誌所言:「利用『主題網』的方式,讓我覺得不但幫助孩子對此主題聚焦,還可以將之前未留下紀錄的足跡,重新整理記錄,真是一箭雙鵰,孩子的主題網是不可或缺的。」(及幼九十三下教學記錄與省思 10)。此外,在「千變萬化的衣服」主題中討論身高與衣服尺寸時,老師在白板繪身高與尺寸統計表,讓幼兒更加進入狀況,理解尺寸與身高非絕對關係,尚須考量肩寬、胖瘦等均為架構鷹架(圖 4.3.6 (7))。

　　除了以上提供聚焦思考、對照思考與相關思考之專注作用外,架構鷹架還具提供幼兒比較異同之專注作用,例如在分組探討家與園分

▶ 圖 4.3.6　架構鷹架

▶ 圖 4.3.6(1)　老師於「我的學校，我的家」主題中，繪製七類人物於海報，方便幼兒聚焦討論調查這七類人物工作性質的方法——架構鷹架

▶ 圖 4.3.6(2)　老師於「我的學校，我的家」主題中，繪記左右對照之住家與學校 Logo 於畫紙，方便幼兒聚焦討論住家與學校之各自發生情況——架構鷹架

▶ 圖 4.3.6(3)　幼兒於「我的學校，我的家」主題中，使用老師提供的架構所討論的結果紀錄——架構鷹架

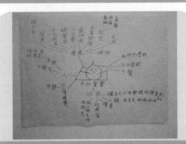

▶ 圖 4.3.6(4)　老師在「我的學校，我的家」主題中，在海報上繪及幼的 Logo，提供討論與記錄焦點——架構鷹架

▶ 圖 4.3.6(5)　老師於「我的學校，我的家」主題中，在海報中央繪「家」的圖示，提供討論與記錄焦點——架構鷹架

▶ 圖4.3.6(6) 老師在「千變萬化的衣服」主題中，以概念網提供討論與記錄焦點──架構鷹架

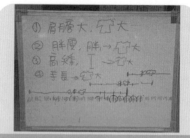

▶ 圖4.3.6(7) 老師於「千變萬化的衣服」主題中，繪統計表讓幼兒聚焦──架構鷹架

▶ 圖4.3.6(8) 老師在「我的學校，我的家」主題中，在上下角落繪代表相同與相異之圖示，讓幼兒明確比較──架構鷹架

別在四項相關概念上──功用、人物、環境、感覺之異同點時，老師先在最上角寫上某概念並在圖畫紙上下邊處各繪出代表「相同」（二個畫得相同的房子）與「相異」（二個畫得不同的房子，一個有煙囪）意思的圖示，讓幼兒能針對相同與相異點，明確比較家與園在該概念上的異同，並繪出結果（圖4.3.6(8)）。

(四)同儕鷹架

同儕鷹架是指運用混齡或混能分組活動，讓同儕之間相互刺激與提攜。及幼老師非常擅長運用同儕互搭鷹架的效果，例如在「美麗的春天」主題中的查圖鑑、找花名活動，常常是由能力較強的幼兒先找到花名，再進而引導、幫助其他年齡較小的幼兒陸續找出花名。在規畫、討論主題成果展示之家長參觀事宜時，也是較有能力者引領大家思考各種參觀規則、路線規畫。及幼除每天早上均有角落時間可以進行同儕自發性交流外，教學活動主軸是分組探討，即以小組為單位的討論與記錄活動（圖 4.3.7 ⑴），在討論後各小組必須將結果以圖示歸納呈現（圖 4.3.7 ⑵），因此言談互動機會大增，使較有能力的幼兒發揮示範與引導作用。又教學活動時，老師常刻意將大小年齡幼兒混合，如測量身體尺寸或為娃娃做新衣時，讓較大幼兒可以協助較小幼兒。

▶ 圖 4.3.7　同儕鷹架

▶ 圖 4.3.7⑴　幼兒於「我的學校，我的家」主題進行小組討論與記錄活動——同儕鷹架

▶ 圖 4.3.7⑵　幼兒於「美麗的春天」主題小組討論與記錄所呈現的海報——同儕鷹架

(五)示範鷹架

適度的示範在教學上是必須的，引導幼兒能進一步往前跨進，及幼老師也會運用示範鷹架。如在「我的學校，我的家」主題進行自我

介紹時，由老師示範幼兒自我介紹程序，並示範在某位幼兒自我介紹後如何向介紹者提問的方法，然後才讓幼兒介紹與提問（及幼九十三上教學活動觀察流程表 09/29）。還有在「千變萬化的衣服」主題當中當幼兒遭遇製衣困難時，老師在白板上示範製版繪圖均屬之（及幼九十三下教學活動觀察流程表 06/07）。

(六)材料鷹架

及幼老師常會提供材料幫助幼兒建構，例如在「我的學校，我的家」主題，最後全班改變教室使其更像家一樣溫馨時，老師提供各種材料與幼兒共同探索最溫馨的燈光顏色；「千變萬化的衣服」主題，教師更提供許多布料、衣物懸掛在教室與高倍率放大鏡讓幼兒探索（圖 4.3.8 (1)、(2)），並且也提供編織、縫工等相關角落教具強化主題概念。所謂材料鷹架亦指運用多元材料與表徵策略於幼兒的探究行動中；根據 Forman（1996）所指，透過表徵再表徵的過程，確實有助於幼兒概念的建構，是建構教學重要的成分。及幼老師在幼兒探索過程中的每個階段，會透過各種表達素材不斷地讓幼兒表徵其理解，如在「美麗的春天」主題中，是以戶外尋春為主軸，回到教室後則進行一

▶ 圖 4.3.8　材料鷹架

▶ 圖 4.3.8 (1)　老師於「千變萬化的衣服」主題中，在教室懸掛幼兒自家中帶來的衣服，讓幼兒探索——材料鷹架

▶ 圖 4.3.8 (2)　老師於「千變萬化的衣服」主題中，在教室懸掛許多布料，讓幼兒探索——材料鷹架

▶ 圖 4.3.8(3)　「美麗的春天」主題幼兒以黏土工表現春天──材料鷹架

▶ 圖 4.3.8(4)　「美麗的春天」主題幼兒以繪畫表現春天──材料鷹架

連串的相關延伸活動，過程中幼兒除以圖示紀錄表達對春天的理解外，也以繪畫、黏土工來表達對春天的意象（圖 4.3.8(3)、(4)）。

主題探究取向課程／教學
──設計方法章

在本書社會建構論架構下，與面對新紀元之培育求知人、應變人、民主人、地球人、科技人與完整人目標下，吾人以為一個主題探究取向的課程／教學是較為合宜的課程型態。吾人已於上章介紹主題探究取向課程的意涵與實例，至於應如何設計具有特定目標的新紀元課程與教學，則為本章重點。簡言之，本章切入實務面，旨在介紹課程／教學的設計方法：第一節揭示主題探究取向課程的設計原則；第二節闡論主題探究取向課程的設計程序；第三節則針對教學活動設計實務討論之。

第一節　主題探究取向課程／教學之設計原則

主題探究取向課程之設計有二個重要原則必先確立，一是先分析主題相關概念，再於其下設計各領域相關活動，以充分探討該「主題」；其次是必須兼容並蓄計畫性與萌發性，均衡課程的結構性與彈性。

一、充分探討主題──先確立概念再設計活動

一個主題探究取向課程具有統整性，它統整了課程設計、知

識、經驗與社會等層面，絕非等同於「多學科課程」（Multidiscipli-nary Curriculum）。多學科課程如圖 5.1.1 所示，是由主題概念直接切入各學科／領域教學，例如在「好吃的食物」主題下，於美勞領域進行繪畫各種好吃的食物、語文領域閱讀相關的繪本、社會研究領域參觀超級市場、科學領域進行烹飪活動等。

　　Beane（1997）曾特別指出「統整性課程」與「多學科課程」是截然不同的，吾人頗為贊同此一觀點；本書將圖 4.1.1 統整性課程網絡圖再列於此，顯示主題探究取向課程的統整性與設計方式（圖 5.1.2）。Beane 認為就課程統整而言，課程設計始於一個中心主題，然後向外確立與主題相關的各大「概念」，以及用來探索主題與概念的「活動」，這樣的設計並未特意考量各個學科，因為主要目的是要「探索主題自身」。然而在「多學科課程」，課程設計始於確認各個「科目」以及各學科中應被精熟的重要內容與技能；當一個主題被決定後，以「每個科目可對主題貢獻什麼？」的問題來設計主題課程。在

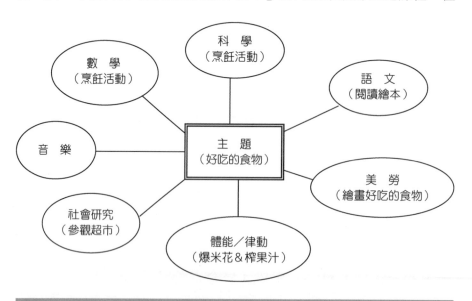

▶ 圖 5.1.1　多學科課程網絡圖

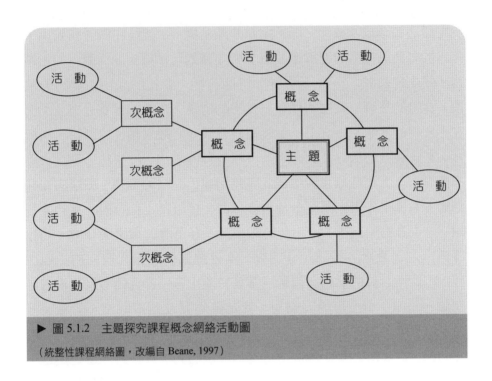

▶ 圖 5.1.2　主題探究課程概念網絡活動圖

（統整性課程網絡圖，改編自 Beane, 1997）

這種情況下，各獨立分科的身分仍被保留於教材內容中，學生仍須輪轉於各學科間；雖然各科目與主題相關，主要的目的仍是精熟其所涉及的內容與技能，因此，主題的探討乃變為次要。換言之，多學科課程是以學科內容、技能作為課程的開始與結束，在執行的過程中很容易直接落入設計與各科有關的膚淺活動，發生知識被淺化的現象；而統整性課程或主題課程卻是以兒童有興趣的問題、主題作為課程的開始與結束，對主題的概念與知識充分探討，並以概念來統整各個領域活動。就此觀點，Beane 的統整性課程顯然與 Shoemaker（1989）所指的主題式課程（Thematic Curriculum）類似，Shoemaker 指出主題探討有議題（topic）與概念（concept）兩種方式，在主題課程下，學科界限變得模糊。

　　本書採用 Beane 的觀點，認為設計主題課程的第一步要先分析此

一主題之概念或次概念，即「主題知識結構」，然後在概念與知識下再設計有助於探索與理解這些概念與知識的各領域相關活動。如主題是「好吃的食物」，其下的概念可能包括：食物的來源、食物的種類、食物的烹調、食物的保存、食物的選購、食物的營養等概念；而在「食物的種類」概念下，可能還有五穀類、蔬果類、油脂類等次概念；在「食物的保存」概念下，可能還有醃漬法、冷凍法、真空法等次概念。以上這些概念與次概念整體構成「好吃的食物」主題的知識結構，也就是先對主題充分分析與探討；接著為了促進對「食物的種類」、「食物的保存」、「食物的來源」等概念的探索與理解，乃在各概念之下設計各領域相關活動，本書強調的是探究取向的主題課程，因此所設計的活動均盡量能讓幼兒運用各項探究能力以建構主題知識，例如「小小市場調查員」就是讓幼兒赴超市觀察、記錄與分類，以探究食物的種類與來源。有些活動可同時促進二或三個以上概念的探索與理解，有些概念則可透過數個活動加以探討。這些促進主題概念探索與理解的活動，例如：閱讀食譜、向媽媽取經、製作創意食譜大全、小小市場調查員（調查與記錄食物的種類）、創意烹飪活動、我的飲食日誌、營養食物品嘗會等（參見圖 5.1.3）。

二、兼容並蓄計畫性與萌發性

吾人以為，教師不僅在教學時必須扮演鷹架角色，在課程設計時也需預先計畫，為幼兒搭構發展的鷹架。換言之，幼兒教師於學年之初必須列出自己所認為幼兒可能有興趣的主題與幼兒必須體驗的重要主題，在配合時令節慶下預做安排；並在與幼兒討論、了解其舊經驗與真正感興趣之主題後，初步決定整學年的主題課程進度。而主題的安排與計畫所涉及的是知識學習的層面，這樣的計畫安排顯示老師對幼兒學習的負責態度。

除了整學年的主題、知識預作安排外，課程設計之計畫性尚包括

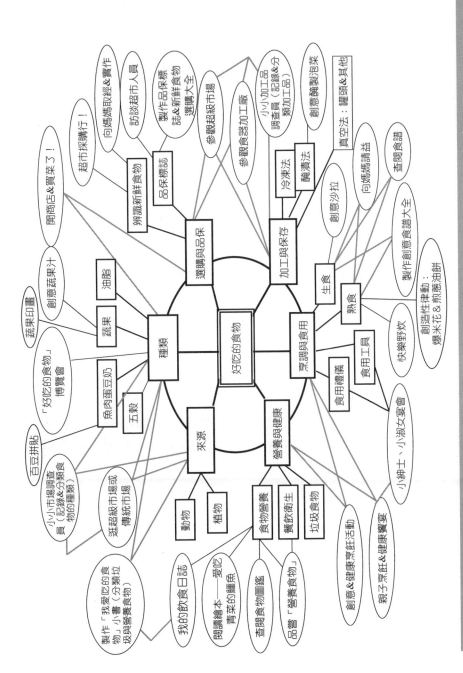

▲ 圖 5.1.3　「好吃的食物」主題概念網絡活動圖

孩子在各項技能與情意面向之發展規畫。技能諸如：探究技巧、語文聽說讀寫技巧與身體技能；情意諸如：喜歡探究之心、正向自我、良好人際關係、變通的心態與喜創意表達等。孩子的發展是漸進的，老師有順序、計畫性的安排就是一種鷹架作用，當活動日益深廣與挑戰，愈發引導幼兒向上發展。這樣的計畫性設計，不僅開啟知識大門增加幼兒的知識體系，而且也增長各項探究技能，以及培養情意與創意，至於有關具體而微的設計步驟，將於下節中闡述。

從社會建構的觀點而言，在探究過程中人際間的交流互動或對談討論，都會影響到主題課程進行的方向；而且有時幼兒會對事先安排課程中的某一項活動特別感到興趣，或是某項臨時偶發的生活事件也會激起幼兒熱烈的回響，這時候老師就應該有彈性地容許臨時萌發的課程，以滿足幼兒的探究興趣。吾人皆知興趣是學習之源，是探究的動力，當幼兒顯現充分興趣時，教師應把握時機適度調整課程。例如在遊戲場遊玩時，發現大樹上有掛在網上的蜘蛛與小飛蛾，幼兒不時圍觀與討論，回至教室又發現一隻大型蜘蛛在牆角，幼兒不斷地詢問蜘蛛會飛嗎？會爬嗎？是蟲蟲嗎？飛蛾會飛嗎？會爬嗎？是蟲蟲嗎？蟲蟲一定有翅膀嗎？它吃什麼東西？飛蛾為什麼在蜘蛛網上？等問題，這時老師不妨蒐集這些問題，並詢問幼兒有關蜘蛛或昆蟲的舊經驗，當幼兒對這些問題的探究熱度持續不退時，「蜘蛛」或「昆蟲」臨時萌發的主題就可適時切入。

此外，有時生活中的偶發事件或社會上正發生的大事，極具教育意義，也必須臨時彈性地納入課程／教學中，如：幼兒欺侮說話腔調獨特的新住民子女，一個「多元文化」主題課程／教學可以適時納入；或禽流感、腸病毒流行，一個「衛生保健」的主題課程／教學必須馬上切入。總之，課程若能兼顧整學年的「計畫性」與臨時的「萌發性」，具有彈性空間，則是最完美不過了。

第二節　主題探究取向課程／教學之設計程序

　　課程雖然必須兼容並蓄計畫性與萌發性，然而課程設計的第一步是必須先要有計畫性。表 5.2.1 是整學年的課程規畫表（頁 108），將整學年課程按時間里程碑預作安排，反映主題課程設計的計畫性；而在進入各個主題探究前則需就每個主題預先繪畫「主題概念網絡活動圖」，如圖 5.1.3「好吃的食物」主題。

一、整學年課程／教學規畫

　　在一學年之初，教師規畫整學年主題課程之步驟，依筆者分析，如下所示。

(一)表列幼兒可能有興趣與重要的主題

　　老師首先以自己對幼兒的了解，表列幾項幼兒可能感興趣的主題，與每個主題孩子可能學到或獲得的經驗。不過這些主題內涵盡量要配合時令節慶、地方文化與環境特色。當然主題也可以是老師所認為，對此時期幼兒而言，是重大必須擁有的經驗。在綜合考量後安排成邏輯順序，使之具有前後銜接性。

(二)與幼兒討論整學年主題

　　老師所認為的幼兒興趣，未必就是幼兒真正的興趣，因此在羅列可能主題後，一定要與幼兒共同討論。羅列主題的好處是使討論有焦點，討論的目的除了要確認是否是幼兒真正的興趣外，而且也可以就此蒐集幼兒對主題的舊經驗，以及幼兒對此主題所欲探究的問題是什麼（即幼兒對此一主題想知道什麼）？

(三)依序編列整學年主題

　　老師將與幼兒討論後所蒐集的資訊整理後，先橫向載入具有連續時間、代表學年課程里程碑的表 5.2.1 的上半部，如九至十一月主題為

「我與我的世界」、十一月至一月主題為「我的鄰里社區」、一月至三月主題為「我住的城市」、三月至五月主題為「我愛台灣」、五月至七月主題為「我住的地球」。如此將整學年所有主題依時間序列呈現，方便老師檢視各主題間的銜接性，也容許臨時萌發的主題切入。在討論時所發現的幼兒對該主題所欲探究的問題，或老師初步列出對孩子重大的該主題概念，則直向陳列在每個主題名稱下面。例如「我與我的世界」主題，孩子可能對自己身體的私密部位、我的家人、我的親人特別有興趣探索，而老師認為此時期探討心理層面與情緒管理對幼兒也是很重要的，就一起羅列其上。

(四)羅列發展上重要技能、情意與創意

本書基於社會建構論以及全人發展觀，認為對孩子發展重要的技能必須預先規畫、依序培養，包括觀察、推論、驗證、溝通等探究技能，以及也可作為探究工具的語文技能，如：訪談、查閱圖書、記錄、發表、討論等，還有涉及大小肌肉的身體技能。此外，情意與創意也是可以透過課程與教學涵養發展的，如：喜歡探索之心、正向自我觀、喜創意表達等。老師必先衡量幼兒的發展狀況，將自己認為重要的或孩子亟待發展的技能、情意與創意面，先另紙大致記錄下來。

(五)順序編列重要技能、情意與創意於整學年各主題中

老師先將以上所羅列的項目置入表 5.2.1 左下角，然後配合表上半部每一個主題，大致規畫如何在每個主題進行中將這些技能、情意與創意加深加廣。表 5.2.1 有五個主題，代表五個時程，大體上而言，每一項技能由第一個時程的簡易狀態開始，日益加深加廣愈具挑戰性，至第五個時程結束則完成所預設之發展目標。例如探究技能中的「觀察」涉及到「五覺觀察」與「多面向觀察」，時程開始時由表面觀察，日益變為多面向、深度觀察，由只涉及少數感覺至多種感覺的觀察。再如孩子「剪」的能力涉及手的力度、相反的感覺與對紙張的控制力，欲設計有順序的發展活動則可始於強化手肌肉活動——黏土

工、使用打洞機與衣夾等；經撕紙條活動，直接感受兩隻手相反動作的感覺；再用剪刀剪直線；最後才是剪曲線的活動。

(六)完成整學年課程規畫表

配合每個主題的實質內涵，將以上規畫的具體目標與漸序性細部活動，以文字正式落入表 5.2.1 下半部的五個時程內（如括號部分）。

二、個別主題課程／教學規畫

由整學年課程規畫表可以大致看出整學年的課程走向，但在進入各個主題前，則要更詳盡的規畫。孩子是隨歲月成長的，當初的興趣與想探究的問題可能有些微的改變，因此調整是必須的。基本上老師先依整學年課程規畫表的初步規畫，與老師此時對主題的了解，繪畫「主題概念網絡圖」（如圖 5.1.3「好吃的食物」主題之概念網絡）；然後將所繪之概念網絡圖在主題進行之初與幼兒共同討論，記錄此時幼兒特別感興趣、想探索的問題，重新加以調整之；在主題概念網絡圖確定之後，再於其下設計涵蓋各領域的活動，形成「主題概念網絡活動圖」（如圖 5.1.3 之全部網絡）。教師要把握的原則是：在主題進行之初，盡量想出與繪記主題可能進行的方向，但是必須留有未預期的與改變的足夠空間；就此而言，課程的計畫是持續性的，很難劃分預先設計的與實際所進行的。這種兼顧計畫並預留改變空間的課程規畫方式，在義大利 Reggio 被稱之為 Progettazione（Rinaldi, 2003）。

整學年課程規畫表

表5.2.1　整學年課程規畫表

	10月	12月	2月	4月	6月
主題	主題：我與我的世界	主題：我的鄰里社區	主題：我住的城市	主題：我愛台灣	主題：我住的地球
概念&知識	1. 我的身體部位 2. 我的情緒 3. 我的家庭 4. 我的親朋好友 5. 我的幼兒園	概念&知識： 1. 2. 3. 4. 5.	概念&知識： 1. 2. 3. 4. 5.	概念&知識： 1. 2. 3. 4. 5.	概念&知識： 1. 2. 3. 4. 5.

探究技能（觀察我的身體）
觀察
推論
驗證
溝通
其他
語文技能
訪談
看圖書
記錄
討論
身體技能
大肌肉
小肌肉（手指謠「我的身體」）
情意&創意
喜探究、創意表達
變通的心態
正向自我
其他

（以黏土塑「我的社區」）

（撕紙條：製作公園草地或以碎紙條蓋房子）
（深度觀察大街小巷）

（剪直線：剪火車軌道、製作台灣交通示意圖）

（剪曲線：剪各大洲與海洋、製作世界拼圖）
（深度、多面向觀察河流、景觀）

由易至繁
加深
加廣

110

第三節　主題探究取向課程／教學之設計實務

　　在設計主題課程下之各項活動時，首先要注意的是整個主題的所有活動應盡量涵蓋各個領域，不要偏重或偏廢某一領域，如圖 5.1.3 的各項活動中包含繪本閱讀、健康烹飪、創造性律動、美勞拼貼、社交宴會等，其次要特別注意三件事情：一是活動內容必須針對所設定之概念目標而設計，其次是活動過程盡量能讓幼兒運用各種探究技能，以及活動內容要具有創意成分，茲分別敘述如下。

一、活動內容須針對概念標的而設計

　　設計教學活動最重要的是要依據活動目標而設計。從圖 5.1.3「好吃的食物」主題概念網絡活動圖可以清楚看出，什麼活動是針對什麼概念而設計，其實只要抓住主要的概念目標，就不會造成活動內容與之不相干，或是活動目標訂得太廣泛的現象。「小小市場調查員」是針對「食物的種類」與「食物的來源」概念目標而設計的，目的是在觀察超市各類食品後，將其分類、記錄，以探索食物的種類與來源；「向媽媽取經&實作」活動就是針對「食物的選購與品保」概念下的「認識新鮮食物」次概念而設計的，目的是透過訪談家長，傳授選購新鮮食物的經驗，並直接赴市場觀察與練習；「小紳士、小淑女宴會」就是針對「食用禮儀」與「食用工具」概念目標而設計的，目的是在讓幼兒透過實際扮演小紳士、小淑女赴宴聚餐中，以習得食用禮儀與使用食用工具。簡言之，這些活動旨在促進標的概念的探索或理解。值得注意的是，許多人在設計活動時，可能參考許多現成資源，當發現有趣的活動時，就急於編入課程，躍躍欲試，結果形成活動與所設定目標不符的現象，很少完全是針對所要促進的概念或所要達成的目標而加以設計的。下列第一個活動──「蝴蝶的一生」就是目標

訂得太廣泛，包含毛毛蟲變蝴蝶的過程、毛毛蟲與蝴蝶的特徵與習性等，但從活動內容中卻看不出如何能達成這許多目標。第二個活動——「小狗長大了！」除了「生長與習性」目標訂得太廣泛外，另一則是目標與活動進行內容不是完全一致，活動進行內容涉及到哺乳類動物，但哺乳動物並未列為該活動目標。

活 動 名 稱　蝴蝶的一生

☺ **教學目標**

　　1. 知道毛毛蟲變蝴蝶的過程。

　　2. 知道毛毛蟲和蝴蝶的特徵與習性。

　　3. 運用肢體表現蝴蝶的一生。

☺ **活動過程**

引起動機

　　手指謠：一隻毛毛蟲

發展活動

　　1. 團體討論毛毛蟲長大會變成什麼？蝴蝶是怎麼變來的？

　　2. 以圖畫書說明蝴蝶的一生：蝴蝶交配 → 產卵 → 幼蟲 → 蛹 → 蝴蝶。

　　3. 請幼兒將自己陸續變成一個卵、毛毛蟲與蝴蝶。

統整與評量

　　全班分成三組，每組輪流實際操作一次，其他各組觀察。

活動名稱　小狗長大了

☺ **教學目標**

1. 了解狗的生長與習性。

2. 養成專心上課的習慣。

3. 培養踴躍發表、參與活動的情操。

☺ **活動過程**

引起動機

　　詢問幼兒：狗是怎麼長大的？牠們剛生出來的時候是什麼樣子？讓幼兒發表自己的想法。

發展活動

1. 唸讀《小狗出生了》與《我是這樣長大的——小狗》二本圖書。

2. 討論書中內容

　　小狗剛出生是長得什麼樣子？狗是怎樣長大的？牠們喜歡做什麼事情？並提及狗是胎生動物中的「哺乳動物」，因為小狗剛出生時是喝母狗的奶而長大的。

3. 玩遊戲——「哺乳動物變變變」

　　老師說出老虎、大象、長頸鹿、小貓、小豬等各種動物名稱，並請幼兒做出該動物的動作及聲音。

統整與評量

　　最後再利用狗狗成長的大掛圖，請幼兒上台看圖說明，並同時進行評量。

二、活動過程要能運用探究能力

　　主題探究取向課程有別於單元課程或一般傳統取向課程，是在於它的「探究性」，其重要精神是知識是必須探究與建構的，而非坐等他人灌輸；如果主題課程的活動仍是教師主導或講授取向，就不能稱之為主題探究取向課程。因此，在設計主題探究取向課程的活動時，必須盡量設計解決問題或探索未知等能運用探究能力的活動，這些探究能力包括：觀察、推論、假設、找資料、分析、記錄、比較、討論、驗證、訪談等。例如：在「好吃的食物」主題下設計「小小市場調查員」，就是讓幼兒至超市「觀察」、「記錄」與「分類」參觀所見的食物；「向媽媽請益」就是「訪談」幼兒家長有關食物的各種烹調方式；「查閱食物圖鑑」就是「查詢」有關食物的種類與營養的資料；「我的飲食日誌」就是「記錄」每日所吃食物內容，並「分類」健康食物與垃圾食物。以上主題相關知識的建構是充滿幼兒的行動力的，有別於教師的主導灌輸。而且更重要的是，在探索的過程中，幼兒不斷地「運用」所獲知識於新的情境中，如：「創意&健康烹飪」是在了解各種烹調方式與營養食物的概念後，運用這些概念於實際烹飪行動中；「我的飲食日誌」是了解健康食物後，每日於生活中實際「記錄」與「分類」所攝取食物。「開商店&買菜了！」活動中，幼兒可以將所獲得的食物種類知識具體以美勞素材表徵，並且製作相關的品保標誌或記載保存日期，實際將所學的知識運用於遊戲活動中；另外「超市採購行！」也是在了解選購與品保標誌後，到超市實際練習採購。就此而言，以上所舉「蝴蝶的一生」、「小狗長大了！」二個活動則比較缺乏探究性，恐怕在進行此一活動時，還必須輔以實際觀察與記錄的探究活動，如：觀察與記錄毛毛蟲變蝴蝶的過程以及剛出生小狗的樣態與習性等。就好比主題是「好玩的球」，幼兒必須透過各種探究行動去體驗球的好玩與各種玩法，而非僅藉由老師講授去

感受與得知球的玩法一樣。

　　除了活動設計趨向解決問題或探索未知外，老師在幼兒的探究行動中要不斷提問，以刺激幼兒的思考與進一步的探究行動。以下舉三個活動實例，具體說明老師如何進一步透過問題情境與提問，引導幼兒探究，這三個活動均取自於本人所編──《幼稚園幼兒科學課程資源手冊》。

活動名稱　水真好玩！

1. 教師提供粗細不同的水管，讓幼兒自行探索，並鼓勵幼兒創造新的玩法。
2. 問幼兒：「同樣大小的水管，有什麼方法可以讓水噴得比較遠（直）？」讓幼兒動手嘗試。
3. 問幼兒：「有什麼方法可以做出一個噴泉？」、「要怎樣才能讓噴泉的水愈噴愈高？」讓幼兒動手操作。
4. 請幼兒思考：「如果要澆花，用水管應該怎麼澆，花才不會受傷？」、「如果要洗有污垢的地板（如果地板有一坨泥塊），用水管應該怎麼洗，地板才會乾淨？」然後讓幼兒實際操作驗證想法，並分享操作後的發現。
5. 活動後，叮嚀幼兒更換衣服，以避免感冒。
6. 延伸活動：利用各種器材（如：水槍、氣球、寶特瓶等），讓幼兒創造水舞。

活 動 名 稱　快樂野炊！

1. 老師升好一堆營火（或柴火），讓幼兒先觀察火的形狀（看起來像什麼？）、味道、聲音，並請幼兒加以描述，或用肢體動作表達「火」。

2. 然後讓幼兒將手放在火堆上方遠處和火堆正上方，問幼兒感覺有何不同？哪裡的溫度比較高？

3. 準備二～三個火源，將欲烹煮的食物分別放在距離火源遠、中、近不同的高度。

4. 先讓幼兒猜猜看食物放在哪裡會比較快熟？以及解釋為什麼？

5. 然後請幼兒觀察食物在烹煮的過程中有何差別？由生至熟所需的時間是否有差異？若有，可能原因為何？哪一種距離的烹煮結果比較理想？

6. 可與幼兒討論有什麼方法可以讓火更大，讓肉更快熟？如：可將油滴一點到火裡或用扇子搧助燃等，或利用烤肉油滴入火堆中，讓幼兒觀察火的變化，適時引入討論，教師可配合講解「火上加油」的含意。

7. 教師綜合歸納並提醒用火安全。

1. 打開投影機問幼兒：「投影機可以做什麼？為什麼？投影機的燈光和電燈的燈光有什麼不一樣？你想和投影機玩什麼遊戲？」
2. 請小朋友站在投影機前面當模特兒。教師問：「有什麼辦法可以讓模特兒的影子變大或變小？」或是：「有什麼辦法可以讓很多人的影子同時出現在螢幕上？」（調整光源距離）
3. 教師取一個物體（假設是一個布偶）置於光源和螢幕中間，讓螢幕上呈現布偶的影子。教師問：「有什麼辦法可以讓布偶影子變大變小又或變出很多個影子？」（數個角度不同的光源，則會產生數個影子）。
4. 讓小朋友持手電筒自由操作，從人的位置調整或光的位移來探索光源的角度或方位所產生的影子變化。
5. 教師統整相關概念。

三、活動內容要具有創意或能發揮創意

　　許多人喜歡抄襲坊間教材或現成參考資源，完全沒有自我創意成分，培養創意應變的個體也是新世紀課程與教學目標，故必須從老師自身做起——創意地設計活動並讓幼兒從中發揮創意。在以上「好吃的食物」主題下，進行「創意蔬果汁」、「創意泡菜」、「創意沙拉」、「創意&健康烹飪」，均是讓幼兒可以發揮創意的活動，如三明治可以是四角形、五角形，夾層內容有無限變化，壽司外形與內容亦是如此。此外「製作創意食譜大全」，幼兒更可以大膽將不同材料結合，運用創造力，繪出色香味俱全的菜色。以下舉語文、自然與音樂領域，提供幾項可以讓幼兒發揮創造力的活動。

㈠語文領域：・改編唸謠內容（改編手指謠的詞句）。

・改編故事（改編巢臼的角色或情節）。

・進行故事接龍（創意接龍，與原故事內容不同）。

㈡自然領域：・那種船不會沉（試驗各種材質與造型的船在水中的浮沉狀態）？

・廢鐵&磁鐵雕塑（將廢鐵器與磁鐵創意組合或雕塑成造型）。

・大自然雕刻師（實驗與觀察水的流動情形與土壤的關係）。

㈢音樂領域：・改編歌謠節奏（如：改編「火車快飛」為「火車慢飛」，將「小星星」由四拍改為三拍等）。

・製作克難樂器並合奏（運用鐵盒、紙盒、鍋、盆等製作打擊樂器或絲弦樂器）。

・改編歌詞（如將「大象」兒歌改成：河馬，河馬，你的嘴巴怎麼那麼大？媽媽說嘴巴大，才能吃得多……）。

・進行創造性律動（如按不同節奏表現動物移動的隨性創造與表達肢體動作）。

思考與問題

因應未來世代，為何一個主題探究取向的課程，對幼兒而言，是較為合宜的課程？

主題探究取向課程的特色為何？對你個人的意義是什麼？

第參篇

我國幼兒園課程／教學展望篇

無論是在本書社會建構基本立論下，或是在第壹篇從「幼兒發展與學習特性」的角度，與在第貳篇從「培育幼兒適存新紀元社會」的目標而言，一個探究取向的主題課程／教學均是較為適切、符應需求的課程。因此，基於鼓勵幼兒園與幼兒園教師創新發展課程，第參篇乃進而分析我國幼兒園課程與教學的現況，顯示在我國仍有很大的努力空間。其次第參篇還探討課程／教學創新發展之可能類型，發現其實課程創新可以是由少數教師開始促動，而且可以在短期內進行，甚至只是改編現成的坊間教材亦可。此外，本篇也分析課程／教學創新發展之特性，歸納逐漸演化性、整體牽動性與複雜不定性三項特性；以及探討課程創新發展的影響要素，發現人的信念與組織要素為重要影響因素，其中以人的信念為決定要素，影響課程實施的推動與其實施樣貌至鉅。綜合上述，筆者提出課程與教學創新發展在具體實務面上的三項策略，俾便有心推動之園所與教師參考——提升各層級專業成長、系統化呈現幼兒進步表現，與強化語文於課程中之探究角色。最後筆者綜合歸納本書結論並提出對我國幼兒園課程／教學創新發展的期許——園所相關人員必須秉持「與輪共舞」之道德使命，以及全園同心與社區／家長攜手共建幼兒的課程。

幼兒園課程／教學之
創新發展

　　面對新紀元高度競爭與變動不安的挑戰，吾人提出幼兒園的課程與教學應以培育求知人、應變人、完整人、民主人、科技人與地球人為目標；而一個富探索、遊戲、建構、鷹架、統整、計畫與萌發特性的「主題探究課程」，是最能實現新紀元的課程目標，而且也非常符應學前幼兒的特性——全人發展、漸序發展、個別差異、文化情境與探索建構性。在另一方面，課程是教室生活故事，是在教室生活中逐漸發展的，因此筆者呼籲教師在教室中與幼兒共同活出「與輪共舞」的故事，體驗求知人、應變人、完整人、民主人、科技人、地球人的生活，逐漸發展出符合新世代需求的課程。然而目前我國幼兒園課程與教學的現況究竟是如何？是否騁馳於「與輪共舞」之軌呢？本章第一節旨在介紹我國幼兒園課程與教學之現況，以作為第四節筆者針對我國特殊情境，提出課程創新發展策略之考量；第二節則在介紹課程創新發展之可能類型與其特性；至於第三節為綜合文獻，分析影響課程與教學創新發展的要素。最後第四節筆者乃綜合以上課程創新發展影響要素、可能類型與特性，以及我國課程與教學現況，試圖由他山經驗與個人輔導經驗中，歸納有利我國幼兒園課程與教學創新發展的重要策略。相信這樣的論述與分析，有助於有心進行課程與教學創新發展之幼兒園與教師之參考。

第一節　我國幼稚園課程／教學之現況

本節將分我國幼稚園課程／教學相關背景資料以及課程／教學現況二部分加以呈現。

一、幼稚園課程／教學背景資料

欲探究我國幼稚園之課程與教學現況，必先對我國幼稚園的背景資料有一些了解。首先就幼稚園設立的基本門檻而言，根據民國九十一年《全國幼兒教育普查計畫成果報告》（嘉義大學，2002）顯示，浮出檯面的未立案幼兒機構共有 1,037 家，而全國立案幼稚園總計 3,189 園，未立案園數約占全國幼兒教育機構總數之四分之一，高比例的未立案現象，在台灣幼教界實不容忽視。雖然立案未必等同於高品質，但未立案幼稚園未攤在陽光下，其品質確實比較令人擔憂，尤其又有高達四分之一園數的未立案幼稚園存在。

其次再就教師素質而言，九十學年度全國幼稚園教師合格率為 58.38%，不合格教師率為 41.62%。其中公立幼稚園合格教師率為 99.35%，私立幼稚園合格教師率為 45.75%，私立幼稚園的不合格教師率高達 54.25%。高比率的不合格教師存在的現象，尤其是占全國幼稚

表 6·1·1　我國幼稚園立案率

統計項目＼屬性	立案幼稚園	未立案幼稚園	總計
園數	3,189	1,037	4,226
百分比	75.46%	24.54%	100%

表 6·1·2 我國幼稚園教師合格率			
幼稚園＼教師資格	合格教師	不合格教師	總計
公立幼稚園	99.35%	0.74%	100%
私立幼稚園	45.75%	54.25%	100%
全國幼稚園	58.38%	41.62%	100%

園大多數的私立幼稚園，其不合格教師率高達半數以上，對於所提供的課程與教學品質，勢必有所限制。

綜上所述，我國約有占全國幼兒機構總數四分之一的未立案幼稚園存在，在四分之三立案幼稚園中又有高達四成以上的不合格教師存在。就此整體性背景資料而言，其所提供的課程與教學品質昭然若揭，實令人堪憂。

二、幼稚園課程／教學現況分析

雖然近年來有一些幼稚園致力於課程創新，不過進一步分析各項文獻資料明顯可見，我國幼稚園的課程與教學仍有很大的進步空間。依筆者文獻分析，我國幼稚園課程與教學現況具有四項特徵：分科與才藝教學當道、過分依賴坊間教材、教學開放性不足、對美語教學與全美語之迷思。茲分別敘述如下。

(一)分科與才藝教學當道

我國幼稚園課程與教學最明顯的現象是分科與才藝教學當道，許多幼稚園的課程有如小學般，各科分立、單獨授課，如：語文、自然科學、資優數學、正音等；而且於各分科課程之外，尚有許多才藝課程，如：陶土、電腦、心算、體能等。這些現況充分顯現於歷屆幼稚

園評鑑結果報告中，以及各項研究文獻中。諸如：信誼基金會（1986）對台北市幼稚園、托兒所進行訪員問卷調查，發現台北市園所約有 49.6%設立才藝班；簡明忠（1987）曾進行「我國學前教育現況及問題之調查研究與分析」研究，發現台灣地區約有 85%之幼稚園設有才藝班；簡楚瑛（1995）探討當前幼兒教育問題與因應之道，在課程與教學方面重要發現之一，即為私立幼稚園普遍施行變相才藝教學；林佩蓉（1995）根據相關研究結果、評鑑報告與訪視輔導的經驗，歸納我幼稚園教學實務特色之一為分科教學——灌輸式教學法，反映片面發展觀，而非全人發展觀；又筆者（1997b）也曾對我國幼兒教師之教學行為現況加以研究，發現我國幼教師的教學內容偏重認知性課程，且實行分科教學，才藝課程充斥。

基本上分科與才藝教學是將各學科內容分科單獨呈現，各科間各行其是，沒有相關性，在知識的呈現上顯得支離破碎，與持全人發展觀的統整性教學是相悖離的。表 6.1.3 即為《全國幼兒教育普查計畫成果報告》（嘉義大學，2002）中所呈現的幼稚園才藝課程情形。

從表中可以發現我國幼稚園才藝課程之充斥情形。其中公立幼稚園以單授一種課程的情形明顯較多（單授外語、單授電腦、單授其他）；而私立幼稚園則以兼授二種及兼授三種的情形明顯居多（外語兼電腦、電腦兼其他、外語兼其他）。換言之，私立幼稚園普遍多教

表 6.1.3　我 國 幼 稚 園 才 藝 課 程 種 類

幼稚園屬性 ＼ 才藝類別	外語	電腦	其他	外語與電腦	外語與其他	電腦與其他	三種皆有	總計
公立	57.6 %	19.1 %	7.4 %	9.3 %	3.9 %	0.8 %	1.9 %	100%
私立	28.5 %	4.0 %	1.3 %	50.3 %	4.6 %	1.4 %	9.9 %	100%

授二種以上的才藝課程。

(二)過分依賴坊間教材

　　我國幼稚園課程與教學的第二個明顯現象是過分依賴坊間教材，換言之，各幼稚園並未依園所目標與在地特色、優勢，以及幼兒特性，量身制定自己園所的課程，或是參酌現成教材並綜合考量園所狀況加以設計，而是完全採用現成的坊間教材，按照坊間教材的進度上課。有趣的是，根據相關研究報告，我國幼稚園坊間教材的品質良莠不齊（屏東師院，1990；新竹師院，1993）。不過最近幾年筆者發現有一些坊間教材的品質已大幅提升，有一些出版社也確實聘請專業人士研發教材。吾人以為品質優良的坊間教材可作為課程與教學的參考資源，尤其是新手教師；重要的是教師在使用時宜參酌園所在地特色與幼兒狀況等加以彈性運用或改編，「慎選」與「慎用」坊間教材是必要的，而非完全照本宣科。過分依賴坊間教材的現象亦由歷屆的幼稚園評鑑報告與相關研究報告中明顯可見。諸如：信誼基金會（1986）曾對台北市之所有幼稚園、托兒所進行訪員問卷調查，發現其課程內容的設計與安排，以由幼教社提供教材為主要教學來源；簡明忠（1987）曾進行「我國學前教育現況及問題之調查與分析」，發現台灣地區有 57.2%的幼稚園教師採用幼教出版社所編印之教材；簡茂發、郭碧唫（1993）在其「兒童為主導的自由遊戲在台灣幼稚園之運用」研究中，發現幼稚園大、中、小班課程中普遍安排作業簿練習活動；簡楚瑛（1995）探討當前幼兒教育問題與因應之道，在幼稚園課程與教學方面的重要發現之一，即幼稚園課程設計及教材內容過度依賴現成教材；又筆者（1997b）亦曾對我國幼兒教師之教學行為現況加以研究，重要發現之一即為過分依賴各類抽象紙筆練習為主的教材來源。

(三)教學開放性不足

　　我國幼稚園課程與教學的第三個特徵是教學偏向主導，開放性不

足，換言之，老師多施行主導性較強的全班大團體活動，成天面對幼兒灌輸知識，鮮少進行個別角落探索或是分組活動；而且與幼兒的互動過程中也顯現教師主控、教學開放性不足，無法啟發幼兒思考現象。此一特徵在歷屆幼稚園評鑑報告與相關研究文獻中多有記載。諸如：簡茂發、郭碧唫（1993）在其「兒童為主導的自由遊戲在台灣幼稚園之運用」研究中，發現在我國幼稚園中，以幼兒為主的主導性遊戲平均僅占幼兒在園中一週時間的 12%；簡楚瑛（1995）探討當前幼兒教育問題與因應之道，在幼兒園課程與教學方面重要發現之一，即教學多傾向一元化、團體化，甚至軍事化，無法因應幼兒個別差異及需要；林佩蓉（1995）根據相關研究結果、評鑑報告與訪視輔導的經驗，歸納我國幼稚園之教學實務特色之一為教師是主導者，以團體活動為主要的教學活動方式，反映被動發展觀；又筆者（1997b）亦曾對我國幼兒教師之教學行為現況加以研究，重要發現之一即在教學方法方面多半是進行知識灌輸的大團體活動，整體而言，較缺乏具體化的經驗性或探索性活動。

(四)對美語教學與全美語之迷思

我國幼稚園課程與教學的第四個明顯現象是，普遍重視美語教學或實施全美語課程。諸位抬頭可見街道上許多幼稚園掛著美語教學招牌，或以實施完全的美語教學為主來吸引家長將幼兒送園就讀。有關美語教學受人詬病的問題較重要者為：就美語師資而言，許多外籍美語教師無教育背景，更遑論幼教背景，而有些中籍教師則發音並非很正確；再就課程而言，標榜全美語的幼稚園甚至會要求幼兒「No Chinese！」，即不得以中文表達，違規則受罰，此舉不僅傳輸「外國的月亮是圓的」，減損民族自信心，而且對母語能力才正在發展中的幼兒而言，是非常困難的，易使其備受挫折。以上種種均顯示「反教育」現象，頗值吾人深思。若幼稚園能以認識多元文化為旨並採融入式的教學，強調遊戲性與趣味性，引發幼兒學習文化或語言興趣，是

吾人較能接受的方式。

　　綜合上述，就整體背景而言，我國幼稚園的課程與教學品質由於未立案幼稚園的存在與不合格教師的充斥，已顯現「先天不足」，無怪乎在實施現況上呈現上述課程與教學上之偏頗現象，與本書所揭櫫以培育求知人、應變人、民主人、地球人、科技人、完整人為旨的主題探究取向課程／教學顯有鴻溝與差距。因此我國幼稚園課程與教學在未來仍有很大的努力空間，各幼稚園創新發展課程並容許老師在課室中活出「與輪共舞」故事，是今後必須努力的方向。

第二節　課程／教學創新發展之類型與特性

　　幼稚園必須生成與創新能因應未來時代之需且具有特色的本位課程，是今後亟待努力之方向，而了解課程發展的類型，提供不同選擇，實有利於課室中早日實現活出「與輪共舞」故事之時代使命。此外，了解課程／教學創新發展之特性，則可針對其特性早日作心理準備，為課程／教學創新謀略與鋪路，以達未雨綢繆之效。

一、課程／教學創新發展之類型

　　筆者以為幼稚園的課程發展有兩種狀態：「無中生有」或「改變現有」。無中生有是指園所原本沒有自己的課程，多半使用坊間教本，而後園所以培育幼兒適應未來社會生活為旨，自行研發一套符合園所特色與時代所需的新課程，此乃「無中生有」狀態；改變現有意指園所或許有自己「調配」出來的課程，無論是改編、選編或參考自坊間教本，或是完全自行設計出來的課程，現在以培育幼兒適應未來社會生活為旨，重新研發一套符合園所特色與時代所需的課程，即為「改變現有」狀態。而無論是「無中生有」抑是「改變現有」狀態，課程創新之研發方式可以是參考坊間教本或相關資源加以選擇、改

編，或是完全自行探究與設計，不過所強調的研發重點應為：(1)課程最高宗旨在於培育幼兒適應未來社會生活，強調探究能力的培養；(2)課程實質內涵是具有特色的「園本課程」，如納入在地特色與優勢。

　　根據 Marsh、Day、Hannay 與 McCutcheon（1990）所言，有關學校本位課程（School-based Curriculum）的發展乃由三個向度，且每個向度各有四種類型，所交織而成的六十四種型態而組成。三個向度與其下各四種類型分別是：「參與人員」（個別教師、小組教師、全體教職員、全體師生與家長）、「活動類型」（探索一或多個領域、選用、改編、創造）、「投入時間」（一次性活動、短期、中期、長期）。因此，可能的本位課程情況也許包括：一位個別教師在某個教學月份中選用現有教材；或者是一組教師在一學年中改編現有教材；甚或是結合全體師生、家長在更長的時間中創造新的教學材料。以上情況中的最後一種當然是比較理想的做法，不過可以確定的是，幼稚園本位課程的類型是多樣的，在參與人員、活動類型與投入時間上是可以有各種不同組合與變化的，在 Marsh 等人的分析中則有六十四種型態（四種參與人員×四種活動類型×四種投入時間＝六十四種類型）。Marsh 等人所指的活動類型，其實就是各種革新的方式或作法，筆者甚而以為 Marsh 等人的分析尚可再加入一個向度——涉及領域。

　　的確，誠如筆者前言，無論是無中生有或改變現有的狀況，幼稚園課程發展的方式可以是參考坊間教本或相關資源加以選擇、改編，或是完全自行設計，甚至是援引現成課程模式加以在地生成發展皆可，只要是以幼兒發展與學習特性為基礎，以「培育幼兒適應未來社會生活」為最高宗旨，並能考量園所目標與在地特色、優勢即可。就此，吾人不僅鼓勵少數個別教師率先創新行動，扮演教師是課程研究者與發展者角色，在教室內與幼兒共同「與輪共舞」，即使是短期、中期的努力均是可接受的，而且更期望能蔚然成風，帶動全面、長

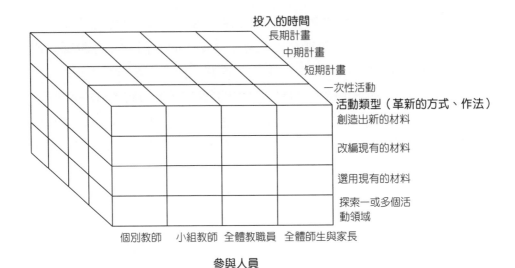

投入的時間
長期計畫
中期計畫
短期計畫
一次性活動
活動類型（革新的方式、作法）
創造出新的材料

改編現有的材料

選用現有的材料

探索一或多個活
動領域

個別教師　小組教師　全體教職員　全體師生與家長

參與人員

（四種參與人員×四種活動類型×四種投入時間＝六十四種類型）

▶ 圖 6.2.1　Marsh 等人之課程發展之類型

期、理想的幼稚園本位課程創新。

二、課程／教學創新發展之特性

　　筆者綜合課程轉型發展相關文獻，以及研究、輔導經驗，發現課程與教學之發展或創新具有下列三種特色：逐漸演化性、整體牽動性、複雜不定性，茲分別說明如下。

(一)逐漸演化性

　　課程是發展與生成的，它必須假以時日，無法躁進與期望一蹴可幾的；任何幼稚園從事課程發展或創新均必須體認其逐漸演化特性，並且秉持容忍緩慢成效的心態。筆者曾輔導一所公立幼稚園進行課程轉型，直至第二年結束，教師的教學表現仍難以去除傳統教學影子（周淑惠，2003a；Chou, 2000）；又筆者的研究生曾在一所托兒所進行本位課程創新，歷經一年期間的掙扎才乍見曙光，稍見開放教學雛

形，但離真正的開放教育與本位課程還有一段距離（吳采燕，2005），以上二例均為明證。此外，諸如：師大附幼（台灣師大附幼，1996；廖鳳瑞，1997）、佳美幼稚園（佳美、新佳美，1995；劉玉燕，1997）的課程轉型均是投注數年時間與精力方有今日的成果。

在另一方面，誠如筆者在前面所提及，許多幼稚園在進行課程創新或課程轉型時，喜歡援引國外著名的幼教課程模式，並且直接套用如：高瞻（High Scope）、蒙氏、方案等。但是任何課程模式或制度都是「源遠流長」的在某一個特殊的環境下演化生成的，因此幼稚園若要採用任何現成的課程模式，都必須綜合考量其園所目標、在地特色與優勢，特別是未來時代需求等要素，並且容許在我國幼稚園環境中逐漸發展成適合本土情境的課程，它是必須假以時日的（周淑惠，2003b）。綜而言之，課程創新或轉型無論是採用現成的課程模式，或是自行研發設計，均必須在園所的試行行動中逐漸發展、落地生根，完全抄襲照搬或期望速成效果，是絕對不可能的。

(二)整體牽動性

課程革新所涉及的是幼稚園整體園所的變化，非僅有課程內涵與教學型態的改變而已。Eisner（1994）所言甚是，教育革新不僅需要對學校作更深入與廣泛的分析，它也必須集體地專注於學校的各個面向，方能實現一個整體性、生態性與系統性的改革，這些面向包括：教育目標、組織結構、課程內涵、教學方法與評量系統。Reid（1999）也指出，課程變革是學校系統各個主要層面之動態平衡結果，這些層面包括技術工學、人際社會體系、相關理論；亦即課程實施涉及課程與教學技術層面，人與人間權力關係，課程與教學的理論，還有人的信念、想法等，以上這些因素不僅均牽涉在內，並且動態的交互作用。誠如 Eisner（1994）所指，吾人在進行課程改革時，要把學校當成是「一個整體」來處理，教育改革所處理的是創造學校文化的問題；幼稚園課程轉型乃是一整體系統性的變化，並非只是更換課程內

容即可奏效，整體組織的成長實與課程轉型經驗息息相關（周淑惠，2003a；簡楚瑛、林麗卿，1997）。具體而言，學校系統的每一個部分均是環環相扣的，如：評量系統影響課程與教學的內涵，組織結構也影響課程與教學的實現；吾人不可能僅要求課程改革的成效，卻忽略其他各部分也必須跟著配合改變的事實，這是顯而易見的道理。有名的課程專家歐用生（1995）曾指出：課程改革若不能連帶改革學校整體結構，理想將難以實現。因此，有心人士進行課程創新時，必須上下一心，針對幼稚園整體進行系統化的思考與系統化的變革，共同為創新願景而努力。

(三)複雜不定性

正因為改革是牽動學校整體系統的，往往會因牽一髮而動全身，因此，任何的革新行動不僅緩慢費時，而且在這革新的歷程中充滿了不確定性與複雜性。Fullan（1993）將改革視為一個「旅程」，是一個十足反映人生的「未知命運之旅」，而非預先勾勒好的藍圖。此一「未知命運之旅」的譬喻，道出課程創新的真正特性：吾人無法預知明天將如何，正如同無法知曉課程革新之舉於何時、何種關節會發生什麼事，因為影響變革的因素涉及學校整體層面，甚至外部環境因素也會對其發生影響，可以說因素實在眾多且彼此交互作用，形成錯綜複雜的動態關係。因此，任何幼稚園在投入課程創新時，均須秉持高度容忍不確定性與複雜性之心態，全心全意地投入探究與解決問題中，最重要的是人員之間彼此相互支持，攜手共同邁向創新之旅。

第三節　課程／教學創新發展之影響因素

理解課程創新發展的多元類型以及複雜且緩慢特性後，若能繼而探知課程創新發展之影響要素，必能裨益課程革新轉型之實現，本節即在進一步探究這些重要的影響要素。在前一節，筆者分析課程創新

與發展具整體牽動性與複雜不定性，如同未知命運之旅般，其影響因素眾多且交織糾纏。就此，Posner（1992）提出課程實施的「架構因素」（Frame Factors），以試圖說明一個學校課程創新或執行的可能影響因素，他認為這些因素如同「框架」一般，它可以促進或限制課程的實際運作，端看如何看待與運用。這些架構因素諸如：人的架構、時間架構、物理架構、組織架構、經濟架構、法政架構、文化架構等。而前四項——人的架構、時間架構、物理架構、組織架構對於課程的執行發生較直接影響力，是「近側要素」（Proximal Factors）；後三項——經濟架構、文化架構、法政架構則是比較遠或是「高層要素」（Higher-order Factors）。茲敘述如下。

1. 人的架構

人的架構是讓每一個學校獨特於他校的重要因素，它包括老師、學生、行政人員等的個人特質，這些因素直接影響課程，例如學生的能力。其中又以老師部分最具關鍵性，老師的學科知識、教學技能、對學生的知識、對教學的態度、對新觀念的開放性等均具影響力，尤其是老師的信念塑造了課程的樣貌；通常老師會抗拒與自己信念不合的課程，接受與自己信念吻合的課程。換言之，老師「改編」（adapt）課程，而非「採用」（adopt）課程。

2. 時間架構

時間是老師最珍貴的資源，而通常時間是不夠用的。在執行課程時，教師必須考量課程所涵蓋的內容量、內容難度，以及對學生學到什麼的期望。此外，時間因素尚包括老師備課的時間，例如：課程規畫、教案撰寫、教材準備、批改作業等。

3. 物理架構

物理架構雖大部分無法立即操作而加以改變，但仍對課程的執行深深發生作用。它包括了學校的自然環境、人造環境（如：實驗室、教室等建物），以及設備與教材等。

4. 組織架構

學校是直接執行課程的場所，學校是一個整體，尤其是它的行政與政策對新課程的欣榮或凋零具決定力。組織因素尚包括班級大小、能力分班、回歸主流政策等。

5. 經濟架構

課程改革必須考量成本與獲益，經濟因素不僅包括狹義的經費支出，如額外的人事費、教材設備費等，它也含括人員與學生的士氣、教學時間與精力的付出，以及與社區（父母）的關係等較廣泛的成本考量。而經費的部分在公立學校往往是取決於政府的補助。

6. 文化架構

課程所代表的就是一種價值，課程也必須要符合社區內的文化以及學校本身的文化，方得以順利執行。而學校本身就代表一種文化，它具有一組可接受的信念與規則，在在支配著人類的行為。

7. 法政架構

每個中央或地方政府對於學校的課程與教學都有一些相關的法令規定，例如：對學生畢業條件的規範，對課程實施的基本綱要、對老師資格的規定、對學校績效的測驗等，這些因素都會或多或少影響到課程的執行。

筆者綜合以上 Posner 的論點與其他文獻所載，以及針對我國幼稚園之生態環境，歸納影響我國幼稚園課程創新的要素，不外乎「人的信念」與人以外的「組織要素」兩大層面（周淑惠，1998）。的確，教師是課程推動的主角，從「教師專業社會化」觀點而言，學校情境因素對教師有一定的影響力，甚至塑造其教學行為；因此教師個人的信念與其所面臨的工作，實共同決定教師的教學實務（Grant & Sleeter, 1985）。Posner 的時間因素、物理因素與組織因素其實均可以歸入「組織要素」，只要整個組織支持課程革新，時間、物理環境與資源均不是問題，以及各項有利課程執行的重要政策均會被制定。而整個

組織支持課程革新，是取決於組織中人的信念，因此，歸根究柢吾人以為信念是課程創新的決定要素。因為只要有堅定的專業信念，就有可能排除萬難與限制，讓「組織要素」不成為阻力，反為其所用，成為正向的「架構因素」，甚至能教化與影響家長與社區，讓課程改革得以順利進行。

一、人的信念

人的信念實包括教師、園長、負責人等園方所有人員的信念，其中以教師信念影響至鉅。教師信念決定了課程實施的樣貌，有強烈的信念，必然會追求專業知能，將課程創新付諸實際行動。在另一方面而言，課程改革文獻中所提及的「表面課程」（Bussis, Chittenden, & Amarel, 1976）與「訴諸內在」（O'Brien, 1993; Olson, 1982; Ryan, 2004）現象，均說明教師與課程制定者因信念的差異，形成以自己的理解執行既定課程，導致發生各種落差現象，如使課程喪失原貌，甚或完全扭曲的事實。Romberg（1988）所言甚是：「任何改革最主要的障礙乃教師內在根深蒂固的信念。」此外，信念不僅決定課程實施的樣貌，而且也根深蒂固，無法立即改變，形成課程革新之成敗關鍵。在筆者課程轉型的實徵研究中，發現教師教學行為常「游移兩難」、難以突破，乃因教師原本頑強的信念非短期即可改變，導致教學常在開放與主導之間游移不定的現象（周淑惠，1998）；即使到了第二年，雖然教師專業表現較為穩定，但其教學中仍不免摻有傳統教學的影子，無法完全跳脫（周淑惠，2003a；Chou, 2000）。以上現象顯示「課程革新乃為教師自身信念的爭戰」（周淑惠，2003a；Chou, 2000），信念是課程創新的決定要素。就此而言，頗值吾人省思的議題是：我國幼稚園教師具有開放、建構的教學信念嗎？體認「與輪共舞」的時代目標嗎？看重自己的課程生成角色嗎？從本章第一節所載我國幼稚園教師合格率有限，以及筆者所分析我國幼稚園課程與教學

現況——分科與才藝教學當道、過度依賴坊間教材、教學開放性不足，以及對美語教學與全美語之迷思，不難看出未來仍有很大的努力空間。

在我國私立幼稚園占大多數，身為負責人的老闆與管理者的園長對幼稚園的課程走向居支配地位，因此園長與負責人的教育信念對於推動課程創新就顯得十分重要。若園方領導者具有開放、建構的教育信念，自然會願意向下授權創新課程，強化教師的課程生成角色；或擔負起「改變促動者」（Change Agent）的角色，推動課程創新。此外，幼稚園進行課程創新時，家長的信念也必須考量，根據筆者的實徵研究顯示：家長是課程革新載舟、覆舟的中介力量——家長認同課程創新，教師士氣激增、革新有望；家長持疑，則教師士氣低落、為之卻步（周淑惠，1998）；家長無疑是牽動課程革新之重要行動力量。東方社會家長的教育信念本就非常囿於傳統思想，尤其是現代社會少子趨勢，望子女成龍鳳心態特別強烈，於是揠苗助長、強行灌輸，深期孩子在讀寫算能力的優異表現。而創新的課程通常強調遊戲、探索、建構的學習方式，再加上探究、解決問題等高層次認知能力的培育，非一蹴可幾，家長不免會對課程革新持疑。吾人以為若園方上自負責人，下至教師均能秉持正確的教育信念，同心協力致力於課程革新，並藉各種方式將家長融入課程中，進而教化之，課程改革之阻力當能減至最小。

二、組織要素

學校的組織與文化是使新課程落實的土壤和養分，它關係著課程改革的成敗，因此課程的轉型必須先要學校再造（restructuring）與文化再生（reculturing）（歐用生，2003）。無庸置疑地，課程改革與創新有賴全園上下一致、同心協力，它所處理的是學校整體文化的創造（Eisner, 1994），以及學校整體層面的投入。Eisner（1994）指出學校

改革涉及學校整體制度全面性的改變，包括：教育目標、支持的結構、課程的內容、教學的方法與評量的系統。具體言之，在課程創新中，學校必須被視為一個整體（Eisner, 1994; Posner, 1992），不僅在人力、物力各方面的投入，在整體結構、行政與管理等各項政策、制度上也均須配合，它包括人事制度、工作時間規定、物力管理與權力的重新分配等。舉例而言，園方是否給與教師教學討論的時間或是課程規畫的時間？幼稚園教師的工作是長時間的，尤其有些幼稚園為配合家長接送，老師本就必須加長工作時數，因此讓課程革新之舉愈發困難。其次園方是否有鼓勵教師成長或研習的制度？當老師出外研習或在園參加成長課程時，是否有另聘專人協助照顧幼兒的制度？又每班是否有二位專職老師的充足人力，讓教師得以一面安心創新課程，一面教化家長？以及當教師因課程之需，需相關的材料或硬體，園方是否有簡化的申請程序並全力支援與及時充裕提供？總之，幼稚園在進行課程創新或發展時，全園上下不管是人力資源、物力資源，或是各項有形、無形政策均須全面投入與支援。

更甚的是，在每位教師都是課程研究者、每一間教室都是課程實驗室的理想情況下，學校勢必要成為一個教育論壇、學習型組織，以及能教育社區的課程改革中心和道德領導中心；因此，學校中人與人間的關係也要由權力的控制轉成權力的共享，共同解決問題、共創美好的未來（歐用生，2003），這是整個組織文化的徹底改變。就此，Tharp 與 Gallimore（1988）將學校的意涵與教學的意涵同等視之，均視為「被協助的成就表現」，提出學校新文化的「三位一體協助鍵」。他們認為學校行政層級應一改「甲監督與評估乙，乙監督與評估丙」的模式，轉為「甲協助乙，乙協助丙」的「甲－乙－丙」層級的長鍵協助模式，即每一個層級的人都要協助「下一個層級的人去協助下一個層級的人」。總之，每一個人在學校文化中是要協助其他人，而非控制，吾人頗為贊同其觀點。

第四節　課程／教學創新發展之重要策略

　　針對專業信念是課程革新的決定要素，以及課程創新發展之逐漸演化性、整體牽動性與複雜不定性，筆者試圖提出促成課程創新發展的三項策略——提升各層級專業成長、系統化呈現幼兒進步表現，以及強化語文於課程中的探究角色。此三項策略猶如醫生於診療過程中需對就診者適時注射營養針、安心針與強心針般，讓課程創新與轉型之舉得以實現。有心「與輪共舞」、創新課程的幼師或幼兒園，不妨參考這三項策略，期能暢行於課程改革之路。

一、「與輪共舞」營養針：提升各層級的專業成長

　　吾人以為，在進行課程創新發展之初，首須提升各層級人員的專業成長，包括專業信念與知能，此舉猶如施打「營養針」，儲備充分體能，方能展開勞心費力的創新與改變之旅。Henderson 與 Hawthorne（2000）所言甚是，在改革行動中，幼稚園的領導者或相關人員要擔任「轉型的課程領導」（Transformative Curriculum Leadership）角色，他必須是一個具有大格局的教育思想家，能作系統思考的改革者；同時，他也是一個能與他人協同合作者、積極主動的公開支持者以及建構真知想法者；他必須參與支持性的社群對話，學習以智慧與堅定的信念面對群眾，進而實際推動革新方案。Fullan（1993）指出，教育是有道德使命感的，學校中的每一個人，包括領導者、教師都必須成為「改變促動者」（Change Agent）；尤其是教師要持有五種反省思考的工作倫理——創新的、關懷的、批判的、縝密的、合作的（Henderson & Hawthorne, 2000），讓課程革新之舉積極發生。就此，值得吾人省思的議題為：我們的幼稚園領導者都扮演轉型課程領導者角色嗎？所有的老師都是改革促動者嗎？而無論是轉型領導者或改變促動者，

均是在本質上思考與信念的根本改變，再加上課程發展專業知能的考量，施打專業成長營養針，改善與強化「體質」，實極為必要。

有關課程革新成就之道，Senge（楊振富譯，2002）指出：任何改革唯有涵蓋學習才能持久，因此，學校必須是一個「學習型組織」，而每一個人都要進行五項修練：自我超越、共同願景、心智模式、團隊學習、系統思考。至於針對課程領導者，歐用生（2004）認為要具備豐富的專業素養和完美的人格特質，其專業成長的途徑有：實施、行動研究、利用自傳和敘說、發展學習檔案、建構民主的教育論壇、建立新型式的學習與加強進修和研習。在課程革新歷程中，小自教師個人，大至幼稚園園方領導階層要學習，成長的內涵實在太多；為了要使每一個人能主動扮演改革促動者，或自我超越者的角色，筆者以為最重要且最根本的增強體質方法是，要先提升園方上下各層級的專業信念與專業知能，因為專業信念決定教學或領導實務，專業知能則讓信念或夢想易於實施、得以成真。至於園內提升各層級專業知能與信念的方式有多種，諸如：成立強調相互支持的「成長團體」（如讀書會、教學研討會等）；進行強調獲知、行動、省思循環的「行動研究」；與大學或相關機構進行「協同行動研究」；聘請專職人員「駐園輔導」；參加在職進修或師訓研習等均屬之。

筆者曾綜合文獻，歸納有效的專業成長三大要素為：以當事人需要為中心（如聚焦於教師有待強化的專業信念與知能）、由行動中學習（由教學試行中省思與建構）、反省性思考（周淑惠，2003a）。筆者的課程革新相關實徵研究，如輔導某一公幼由傳統教學轉型為實施角落教學，並繼而實施全語文（周淑惠，1998、2003a；Chou, 2000），以及輔導另一家公幼與私立及幼幼稚園進行社會建構教學實驗（周淑惠，2004），均是強調一面有系統地進行強化專業信念與知能的課程，一面大膽試行新的課程與教學，由「做」中省思、建構教學實務，以達鞏固教學信念與知能目的。此外，師大附幼（台灣師大附

幼，1996；廖鳳瑞，1997）與佳美幼稚園（佳美、新佳美，1995；劉玉燕，1997）的課程轉型亦是非常強調行動中建構學習與省思的精神。吾人特別指出，不管是何種型式的專業成長方式，均應盡量強調「省思」成分；例如在讀書會討論某一種教學行為時，大家就必須「省思」此種教學行為背後的教學信念是什麼？對孩子的影響是什麼？自己在教室中有無此種教學行為？要如何增加或避免此一教學行為？可以說省思是專業成長的一個非常重要方式。

走筆至此，頗值吾人省思的議題為：您的幼稚園園內有發揮支持作用，強調省思、共同成長的成長團體嗎？園方是否有鼓勵教師進行或與大學相關機構合作共同進行知、行、思合一的課程／教學行動研究？園方是否願意聘任能引發教師省思與後續行動的駐園輔導人員？園方是否鼓勵教師參與各種在職進修研習活動？又進修或研習主講者是否能真正顯現與示範建構式教學，促動研習者省思自我教學，以利其於實際教學中改變與轉換呢？此外，各層級專業成長還包括教化家長的部分，就此，園方是否經常舉辦親職教育相關活動？各層級教育相關機構的親職教育活動是否真能強化家長理念，還是只流於交誼同樂？

二、「與輪共舞」安心針：強化語文於課程中的探究角色

東方家長均非常在意孩子的讀寫表現，很難立即破除；筆者常思考，若能於課程革新行動中，同時也讓家長看到孩子的讀寫表現，相信必有助於課程革新的實現。筆者在輔導公幼由傳統教學走向開放教學時，就深感老師身上揮之不去的家長壓力；在第二年時，我試著將「全語文」精神納入課程革新內涵中，強化語文聽、說、讀、寫在課程中的探究與統整角色，讓孩子在運用語文探究工具中，習得語文聽、說、讀、寫能力，這就是植基於社會建構精神的「全語文」教學。當孩子於期末展現聽、說、讀、寫強烈興趣與表現聽、說、讀、

寫優異成果時，家長非常驚豔與讚嘆，對於長久在意家長之載舟、覆
舟力量的老師，無疑是打了一劑「安心針」，可以放心走下去。而在
另一方面對家長而言，也是打了一劑安心針。

　　其實語文是一項心智工具（Bodrova & Leong, 1996; Vygotsky, 1986），
它如同其他工具可減省人力般，是心智必備的工具，可以幫助人們專
注、記憶與作最佳思考，這是社會建構論課程與教學的重要原則，也
是本書之重要精神。強調語文在課程中的探究角色，如「全語文」，
不僅可充實課程品質，而且也可提升幼兒的具體表現，如：喜歡閱
讀、愛塗鴉記錄或做小書、勇於發表等，讓老師與家長安心於改革行
動。這種以語文為探究工具的課程與教學，是大大不同於傳統教學把
語文視為學習標的與成果的，其常用策略例如：孩子透過查閱圖鑑
（書）或上網尋找資料，以塗鴉方式記錄觀察與探究發現或表達探究
後的理解，閱讀與比較不同時期的紀錄，口語表達理解與想法等。職
是之故，強化語文於課程中的探究角色，不失為課程革新的一項法
寶。

三、「與輪共舞」強心針：系統化呈現幼兒的進步表現

　　在全園投入課程革新一段時間後，有系統地呈現幼兒的進步表
現，讓一向在意孩子學習成效的家長，在滿足其疑慮與解除心防後，
進而肯定老師的努力行動，此舉對教師而言無疑是施打一劑「強心
針」，讓其在渾沌複雜、變動不安的課程革新中，重拾自信，有動力
繼續堅持下去。至於呈現幼兒的進步表現有多種方式，例如：以圖文
並茂的園訊、班訊方式呈現；採真實評量或檔案評量方式；在園方入
口或教室內、門口張貼具照片與文字分析的「檔案記錄面板」（Documen-
tation Panel），圖 6.3.1、6.3.2 即為筆者休假研究期於美國麻州大學教
育學院實驗幼兒園所拍攝的檔案記錄面板；或是在主題結束前舉辦主
題成果展示活動；甚至是家長參與課程進行等均屬之。此種有系統地

呈現幼兒的進步表現情形，確實能激發教師士氣與贏得家長認同改革行動，在筆者的輔導研究或教學實驗研究中均為明證（周淑惠，2003a、2004）。

就此，值得省思的議題為：園方是否定期將幼兒的進步表現以園訊或班訊方式發送家長？園方是否採用真實評量或檔案評量方式取代傳統評量方式？園方是否於醒目之處張貼具有分析與省思幼兒表現的檔案記錄面板？園方或各班有否於主題結束前舉辦主題成果展示，讓家長了解幼兒在此主題中究竟學到什麼？園方能否開放家長隨時參與課程，了解幼兒學習與教學實際情形？

▶ 圖 6.3.1　檔案記錄面板(1)

▶ 圖 6.3.2　檔案記錄面板(2)

第七章

幼兒園課程／教學之期許

　　本章旨在綜合本書各篇各章論述，歸納相關結論，並針對所歸納結論進而試圖提出一些期許，以作為未來我國幼兒園課程與教學之努力方向。

第一節　結　論

　　本書第壹篇乃從幼兒與幼兒園之角度切入，檢視幼兒園的課程與教學。其重要結論為：就幼兒發展與學習的特性而言——文化情境性、全人發展性、漸序發展性、個別差異性、探索建構性與具體經驗性，一個「探究取向的主題課程」是較為符應幼兒特性的課程與教學。再就幼兒園與各層級環境間之密切相關性而言，園、家合作，課程反映在地特色，與教師發揮當有鷹架角色是幼兒園課程與教學之必然走向。綜此，幼兒園在擬制課程／教學初始，必須在幼兒特性與需求之基礎上，綜合考量園所自身目標、在地特色與優勢，並以培育幼兒適存於未來紀元社會為最高宗旨，創造有特色之「園本課程」。而在課程擬訂之後，則必須容許師生在課室中逐漸發展，活出有特色且是能「與時代摩天輪共同舞動」的課程／教學的故事。

　　本書第貳篇則從適應新紀元社會生活，課程必須設法讓幼兒「與

輪共舞」的角度切入，檢視幼兒園之課程與教學，並揭示本書社會建構論之基本立論與精神，勾勒幼兒園課程／教學創新發展的藍圖。同時並舉義大利 Reggio 的主題探究課程／教學與國內幼兒園主題探究課程／教學來說明理論於實務上之運用，以彰顯如何於課程中「與輪共舞」。社會建構論基本精神為：強調師生共同建構、搭構學習鷹架與運用語文心智工具。在另一方面，從新紀元社會高度競爭與變動不安的特性而言，一個強調培育求知人、應變人、民主人、地球人、科技人與完整人目標的課程／教學是必然的趨勢。而綜合社會建構論與新紀元課程／教學目標，第貳篇之重要結論為：一個「探究取向的主題課程」是較為符應時代需求與理論精神的課程，因其強調探索性、統整性、建構性、遊戲性、鷹架性、計畫性與萌發性，較能實現求知、應變等新紀元課程／教學之培育目標。

綜合本書第壹、貳篇論述，其重要結論如下。

一、主題探究課程／教學之適切性

無論是從第壹篇幼兒發展與學習的角度切入，或是培育新時代社會生活所需技能的角度切入，吾人發現主題探究取向課程／教學均是較為符應需求的課程。幼兒園之課程／教學主體是幼兒，而今日幼兒是要生存於未來世紀的，一個主題探究課程可以以園所的在地特色、優勢，搭配園所的目標等為其課程內涵；而在主題課程進行時，則強調幼兒運用各項探究技能，以探索與理解主題相關知能。因此主題探究課程也是個有特色的「園本課程」。

二、幼稚園與鄰近社會文化情境合作之必要性

無論是從第壹篇論及「生態系統論」，或是第貳篇道及本書立論——「社會建構論」，兩個理論在某種程度上是相互呼應的，咸認為幼兒園與家庭以及在兩個系統裡的人員互動關係是幼兒最近、關係最

密切的社會文化情境。這些社會情境對幼兒之發展與學習扮演重要角色，因為幼兒本就生存其中，日日受社會文化情境的影響，因此，園、家間之密切合作是絕對必要的；此外，幼兒園之課程與教學內涵要反映園所的在地特色與優勢，也是極為自然的走向。

三、教師搭構學習鷹架之必然性

幼兒是在其社會文化情境中成長與發展的，而幼兒園與幼兒園裡的教師是與幼兒最接近的社會文化情境，基於教師與幼兒的互動本就而且也必然會影響幼兒的發展與學習，以及提升幼兒近側發展區能力的考量，吾人以為幼兒園教師必須發揮積極角色，為幼兒搭構學習的鷹架，而主題探究課程／教學的重要特色之一就是強調鷹架性。

基於主題探究取向課程／教學是面對新紀元社會需求、幼兒發展／學習特性，與社會建構論下最適切的課程／教學型態，而課程是教室生活故事，是師生於教師生活中逐漸發展生成的，因此筆者期盼師生共同活出「與輪共舞」之故事，體驗求知人、應變人、完整人、民主人、科技人與地球人的生活，逐漸發展符合新紀元需求的園本課程。而本書第參篇是我國幼兒園課程／教學展望篇，期望在目前我國幼兒園課程與教學仍有許多努力空間的現況中，能撥雲見日，走出一片藍天，實現第貳篇中所勾勒的藍圖──主題探究取向課程／教學。筆者進而從分析課程與教學創新發展之「類型」中，發現只要園內少數教師帶頭努力成為「改革促動」者，即便是短期的嘗試，甚或只是改編坊間現成教材，都是可以接受的課程革新方式。再從分析課程與教學創新發展之「特性」中，歸納課程變革具有逐漸演化性、整體牽動性與複雜不定性三項特性。而從分析課程與教學創新之「影響要素」中，發現「人之信念」與「組織要素」深切影響改革行動，尤以人之信念是課程革新之決定要素。綜合以上分析，筆者試圖提出課程創新發展在具體實務上的三項策略──提升各層級專業成長、系統化

呈現幼兒進步表現，以及強化語文於課程中的探究角色；此三項策略
猶如醫生診療過程中需對就診者適時注射營養針、安心針與強心針
般，有利課程創新與轉型之舉得以實現。

第二節　期　許

對於幼兒園課程創新發展，筆者於本書第參篇已提出實務上的具
體策略，以利推動改革。而理念、信念指導實務，在理念上，筆者以
為園方秉持「與輪共舞」的道德使命，立意與社會文化情境中相關人
等共同攜手建構幼兒之課程，反而更為重要。

一、懷持「與輪共舞」道德使命

幼兒園是教育機構，肩負培育國家未來主人翁之神聖使命，因此
幼兒園必須以此道德使命為念，摒除營利掛帥之心。吾人深切期許幼
兒園從上至下，包括負責人、園長與教師均能懷抱道德使命，尤以掌
握管理權力的負責人與園長，必須以「轉型領導者」自居，具有大格
局的思想與情操。誠如我國課程專家歐用生（2004）以「詩性智慧的
課程領導」說明課程革新的領導者的應有角色，他殷切指出：「課程
領導者應該思考如何發揮精神的權力，激發師生的想像、創造、審
美、情感、驚奇，鼓舞熱情、憧憬、夢想與可能性，使每一個人都有
生存的意義和希望，這正是當前教育改革、課程改革的道德目的。」
而身為教師者也不能坐等他人領導，必須成為改革促動者，激起革新
的火花，期能發揮燎原的效果。

二、攜手共建幼兒課程

幼兒生活於幼兒園、家庭與社區之中，深受這些社會文化情境的
影響。幼兒園在規畫與實施課程時，一定要納入這些對幼兒最近、影

響最密切的社會文化情境，除課程反映在地特色與優勢外，園、家必須密切合作。在目前我國家長教育信念仍頗為著重低層次認知能力——讀寫算之際，吾人以為與家長保持良好互動關係，於主題探究課程中適度援用家長的強勢智能，讓其參與課程，了解幼兒進步表現，以達因勢利導家長教育信念之目的，是極為可行之路。俟家長認同比較開放的教學後，則可加重「攜手共建幼兒課程」的比重。

具體而言，課程創新中的人員——教師、園長或負責人與家長的關係，應是本著專業自主的精神與家長維持「亦師亦友」的關係，尤其是教師。基本上，教師面對家長時要表現自信，在教育幼兒的「專業上」提供諮詢，甚至引導、教化的老師角色；而在教育幼兒的「工作上」維繫朋友的角色，透過各種連繫互動方式了解幼兒狀況，促進園、家合作，以作為課程與教學的基礎。這些朋友般的連繫互動方式與園、家合作方式包括家庭訪問、電話訪談、親子作業活動，甚而邀家長就其專長協助某部分的課程進行（如：擔任校外教學助手、擔任角落時間說故事者、擔任某項不熟悉主題的介紹者等），請家長就某項主題提供想法、教具或資源，以及舉辦主題成果展示活動或教學參觀活動等。

總之，身為教育專業者必須懷持愛心與道德良心，一切以幼兒的最大利益為依歸，而今日幼兒是必須生存於未來世代的，基於未來社會高度變動與競爭特性，強調培育求知人、應變人、民主人、地球人、科技人與完整人的主題探究取向課程／教學是幼教工作者今後必須共同努力的方向。筆者深切期盼幼兒園園方能以「轉型領導者」自居，每一位幼兒教育工作者均能扮演「革新促動者」角色，著手點燃創新之火並期蔚然成風。在另一方面而言，一個具探究取向的主題課程是有多元型式的，各園可以依其教育目標、在地特色與優勢等逐漸發展具有特色的「園本課程」，只要在課程／教學精神上強調「探究」成分，讓幼兒在探究主題時運用各種探究技巧，而非坐等他人灌

輸、被動收受,即是符合本書所倡之主題探究課程。例如本書所舉之義大利 Reggio 課程／教學與我國及幼幼稚園課程／教學在形式風格上截然不同,但二者均相當著重知識的探究與建構。職是之故,為了幼兒的福祉,園方上下一心與家長攜手共建「與輪共舞」課程與教學,是筆者深切的期望。

思考與問題

為要與未來世代共舞，培育能適存於未來世界的幼兒，筆者以「打針」的譬喻方式建議幼兒園要施打三針，採用三項策略。你覺得還有其他的針要施打嗎？為什麼？

如果你認同主題探究取向的課程，你覺得有什麼方式可以大力推廣，在幼兒園生根？

「幼兒園整體組織的成長實與課程轉型經驗息息相關」，請舉數例說明之。

參考文獻

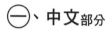 一、中文部分

王文科（1994）。**課程與教學論**。台北：五南。

台灣師大附幼（1996）。**成長的足跡**。台北：光佑。

台中愛彌兒教育機構、林意紅（2002）。**鴿子：幼兒科學知識的建構**。台北：光佑。

李丹（主編）（1989）。**兒童發展**。台北：五南。

吳采燕（2005）。**托兒所啟動本位課程改革之行動研究——一個所長的築夢記**。國立新竹師範學院幼兒教育研究所碩士論文，未出版，新竹市。

佳美、新佳美（1995）。**與孩子共舞——佳美幼稚園主題教學的實建歷程**。台北：光佑。

周淑惠（1997a）。**幼兒自然科學經驗——教材教法**。台北：心理。

周淑惠（1997b）。幼兒教師之教學行為與現況研究。**新竹師院學報**，10。

周淑惠（1998）。幼稚園課程與教學創新：一個個案的啟示。載於中華民國課程與教學學會（主編），**學校本位課程與教學創新**（頁83-118）。台北：揚智。

周淑惠（2002a）。**幼兒教材教法——統整性課程取向**。台北：心理。

周淑惠（2000b）。**幼兒數學新論——教材教法**。台北：心理。

周淑惠編（2002）。幼稚園幼兒科學課程資源手冊。台北：教育部。

周淑惠（2003a）。幼兒園全語文課程革新之歷程性研究。載於黃顯華及孔繁盛（主編），**課程發展與教師專業發展的夥伴協作**（頁137-179）。香港：中文大學出版社。

周淑惠（2003b）。課程改革之「省思」議題。**國教世紀**，204，29-34。

周淑惠（2004）。建構取向之幼兒自然科學教學之歷程性研究。**新竹師院學報**，19，61-88。

周淑惠（2005）。鷹架引導策略。**國教世紀**，216，45-56。

林翠湄、黃俊豪等（譯）（2003）。**發展心理學**（David R. Shaffer 原著）。台北：學富。

林佩蓉（1995）。幼稚園教學實務中反應的兒童發展觀點。**教育資料與研究**，4。台北市：台北教育資料館。

信誼基金會學前兒童教育研究發展中心（1986）。**台北市幼稚園、托兒所現況訪問調查之分析報告**。

屏東師範學院（1990）。**我國幼稚園教材使用分析與評估**。教育部專案研究報告。

黃政傑（1997a）。**教學原理**。台北：師大書苑。

黃政傑（1997b）。**課程改革的理念與實踐**。台北：漢文。

黃又青（譯）（2000）。**噴泉：為小鳥建造樂園的活動記實**（Reggio Children 原著）。台北：光佑。

黃光雄、蔡清田（2002）。課程研究與課程發展理念的實踐。**中正教育研究**，1，1-19。

新竹師範學院（1993）。**我國坊間學前數學教材之評析研究**。教育部專案研究報告。

張軍紅、陳素月、葉秀香等（譯）（1998）。**孩子的一百種語言**（Malaguzzi, L. 等原著）。台北：光佑。

楊鎮富（譯）（2002）。**學習型學校**（Senge, P. M. 等原著）。台北：天下。

廖鳳瑞（1997）。**從作息與教案設計的修改看幼稚園的改變：一個理論與實務之個案研究**，發表於八十六年度教育學術研討會，花蓮師院。

嘉義大學（2002）。**全國幼兒教育普查計畫成果報告**。台北：教育部。

蔡清田（2004）。**課程發展行動研究**。台北：五南。

蔡清田（2006）。**課程創新**。台北：五南。

劉玉燕（1997）。佳美幼稚園開放教育的發展歷程。載於黃政傑（編），**開放教育的理念與實踐**。台北：漢文。

歐用生（1995）。**教師專業成長與學習**。台北：國教研習會。

歐用生（2003）。**課程典範再建構**。高雄：麗文。

歐用生（2004）。**課程領導：議題與展望**。台北：高等教育。

簡明忠（1987）。**我國學前教育現況及問題之調查研究與分析**。高雄：復文。

簡茂發、郭碧唫（1993）。**兒童為主導的自由遊戲在台灣幼稚園之運用**。教育部八十二年度幼稚教育專案研究計畫。

簡楚瑛（1995）。**當前幼兒教育問題與因應之道**。教育改革諮詢委員會研究報告。

簡楚瑛、林麗卿（1997）。**從課程轉型過程看教育改革落實在幼稚園學校系統層面上之相關因素**。國科會教育整合型研究計畫成果分析研討會。

蘇建文等（1991）。**發展心理學**。台北：心理。

二、英文部分

Beane, J. (1993). Problems and possibilities for an integrative curriculum. *Middle School Journal, 25* (1), pp.18-23.

Beane, J. (1997). *Curriculum integration-designing the core of democratic education.* N. Y.: Teachers College Press.

Berk, L. E. (1997). *Child development* (4th ed.). Needham Heights, MA: Allyn and Bacon.

Berk, L. A. (2001). *Awakening children's minds: How parents and teachers can make a difference*. New York: Oxford University Press.

Berk, L. E., & Winsler, A. (1995). *Scaffolding children's learning: Vygotsky and early childhood education*. Washington D. C.: National Association for the Education of Young Children.

Bertram, T., & Pascal, C. (2002). What counts in early learning? In O. N. Saracho & B. Spodek (ed.), *Contemporary perspectives on early childhood curriculum*. Greenwich, Connecticut: IAP.

Bliss, J. (1995). Piaget and after: The case of learning Science. *Studies in Science Education, 25*, pp. 139-172.

Bodrova, E., & Leong, D. J. (1996). *Tool of the mind: The Vygotskian approach to early childhood education*. N. J.: Prentice-Hall.

Bredekamp, S., & Copple, C. (1997). *Developmentally appropriate practice in early childhood programs*. D. C.: National Association for the Education of Young Children.

Bronfenbrenner, U. (1979). *The ecology of human development: Experiments by nature and design*. Cambridge, MA: Harvard University Press.

Bruner, J. (1987). The transactional self. In J. Bruner, & H. Haste (eds.), *Making sence: The child's construction of the world*. New York: Routledge.

Bruner, J., & Haste, H. (1987). Introduction. In J. Bruner, & H. Haste (eds.), *Making sense: The child's construction of the world*. New York: Routledge.

Bussis, A. M., Chittenden, F. A., & Amarel, M. (1976). *Beyond surface curriculum, An interview study of teachers' understandings*. Boulder, CO: Westview Press.

Ceppi, G., & Zini, M. (1998). *Children, spaces, relations: Metaproject for an environment for young children*. Reggio Children and Comune Di Reggio Emilia.

Chou, S. (2000). *An investigation of the process of adapting the open learning approach to early childhood education in a Taiwanese kindergarten.* Paper presented at the Annual Conference of American Educational Research Association. New Orleans.

Cisneros-Cohenour, E. J., Moreno, R. P., & Cisneros, A. A. (2000). *Curriculum reform in Mexico: Kindergarten teachers' challenges and dilemmas* (ERIC Document Reproduction Service No. 470 886).

Clandinin, D. J., & Connelly, F. M. (1992). Teacher as curriculum maker. In P. W. Jackson (ed.), *Handbook of research on curriculum* (pp. 363-401). New York: Macmillan.

Cole, L. (1990). Personal theories of teaching: Development in the formative years. *Alberta Journal of Educational Research, 36,* pp. 203-222.

Edwards, C., Gandini, L., & Forman, G. (eds.) (1993). *The hundred language of children-the Reggio Emilia Approach to early childhood education.* Norwood, N. J.: Ablex.

Eisner, E. W. (1994). *Cognition and curriculum: Reconsiders* (2nd ed.). New York: Teachers College Press.

Elkind, D. (1988). *The hurried child.* Reading, MA: Addison-Wesley.

Elliott, J. (1991). *Action research for educational change.* Buckingham: Open University Press.

Feng, J. (1994). *Issues and trends in early childhood education* (ERIC Document Reproduction Service No. ED 372 841).

Fleer, M. (1993). Science education in child care. *Science Education, 77* (6), pp. 561-573.

Forman, G. (1996). The project approach in Reggio Emilia. In C. T. Fosnot (ed.), *Constructivism: Theory, perspectives, and practice.* New York: Teachers College Press.

Forman, G. E., & Kaden, M. (1987). Research on Science education for young children. In C. Seefeldt. (ed.), *The early childhood curriculum: A review of current research*. New York: Teachers College Press.

Fullan, M. (1993). *Change forces: Probing the depths of educational reform*. London: The Falmer Press.

Gandini, L. (1993). Educational and caring spaces. In C. Edwards, L. Gandini, & G. Forman (eds.), *The hundred language of children-the Reggio Emilia Approach to early childhood education*. Norwood, N. J.: Ablex.

Ginsburg, H. P. (1981). Piaget and education: The contributions and limits of genetic epistemology. In I. D. Brodzinsky, & R. Golinkoff (eds.), *New directions in Piagetian theory and practice*. Hillsdale, N. J.: Lawrence Erlbaum.

Ginsburg, H. P. (1989). *Children's arithmentic: How they learn it and how you teach it*. Austin, TX: Pro-Ed.

Ginsburg, H. P., & Opper, S. (1988). *Piaget's theory of intellectual development*. Englewood Cliffs, New Jersey: Prentice Hall.

Glatthorn, A. A. (2000). The principal as curriculum leadership. Thousand Oaks, CA: Corwin Press.

Gordon, A., & Browne, K. W. (1993). *Beginnings and beyond*. Albany, New York: Delmar.

Grant, C. A., & Sleeter, C. E. (1985). Who determines teacher work: The teacher, the organization, or both?. *Teacher & Teacher Education, 1* (3), pp. 209-220.

Hart, C. H., Burts, D. C., & Charlesworth, R. (1997). *Integrated curriculum and developmentally appropriate practice: Birth to age eight*. Albany, N. Y. : State University of New York Press.

Heddens, J. W., & Speer, W. R. (1988). *Today's mathematics*. Chicago, IL: Science Research Associates.

Henderson, J. G., & Hawthorne, R. D. (2000). *Transformative curriculum leadership* (2nd ed.). Englewood Cliffs, N. J.: Prentice Hall.

Inagaki, K. (1992). Piagetian and post-Piagetian conceptions of development and their implications of Science education. *Early Childhood Research Quarterly, 7*, pp. 115-113.

Kagan, D. M. (1992). Professional growth among preservice and beginning teachers. *Review of Educational Research, 62* (2), pp. 129-169.

Klein, M. F., & Goodlad, J. I. (1978). *A study of curriculum decision making in eighteen selected countries* (ERIC Document Reproduction Service No. 206 093).

Knight, C. (2001). Quality and the role of the pedagogista. In L. Abbott, & C. Nutbrown (eds.), *Experiencing Reggio Emilia*. Buckingham: Open University Press.

Kostelnik, M., Soderman, A., & Whiren, A. (1993). *Developmentally appopriate programs in early childhood education*. N.Y.: Merrill.

Krechevsky, M. (2001). Form, function, and understanding in learning groups: propositions from the Reggio classrooms. In C. Giudici, C. Rinaldi, & M. Krechevsky (eds.), *Making learning visible: Children as individual and group learners*. 2001 Reggio Children, the president and fellows of Harvard College, and the Municipality of Reggio Emilia.

Krechevsky, M., & Mardell, B. (2001). Four features of learning in groups. In C. Giudici, C. Rinaldi, & M. Krechevsky (eds.), *Making learning visible: children as individual and group learners*. 2001 Reggio Children, the president and fellows of Harvard College, and the Municipality of Reggio Emilia.

Krogh, S. L. (1997). How children develop and why it matters: The foundation for the developmentally appropriate intergrated early childhood curricu-

lum. In C. H. Hart, D. C. Burts, & R. Charlesworth (eds.), *Integrated curriculum and developmentally appropriate practice: Birth to age eight* (pp.29-48). Albany, N. Y. State University of New York Press.

Lave, J., & Wenger, E. (1991). *Situated learning: Legitimate peripheral participation*. Cambridge, MA: Cambridge University Press.

Marsh, C., Day, C., Hannay, L., & McCutcheon, G. (1990). *Reconceptualizing school-based curriculum development*. New York: The Falmer Press.

Malaguzzi, L. (1993). History, ideas and basic philosophy. In C. Edwards, L. Gand ini, & G. Forman (eds.), *The hundred language of children-the Reggio Emilia approach to early childhood education*. Norwood, N. J.: Ablex.

McNeil, L. M. (1988). Contradiction of control, part 1: Administrators and teacher. *Phi Delta Kappan, 69* (5), pp. 333-339.

Moss, P. (2001). The otherness of Reggio. In L. Abbott, & C. Nutbrown (eds.), *Experiencing Reggio Emilia*. Buckingham: Open University Press.

Munby, H. (1983). *A qualitative study of teacher's beliefs and principles*. Paper presented at the Annual Meeting of American Educational Association. Montreal. Canada. (ERIC Reproducation Service No. ED 228 215).

Nutbrown, C., & Abbott, L. (2001). Experiencing Reggio Emilia. In L. Abbott, & C. Nutbrown (eds.), *Experiencing Reggio Emilia*. Buckingham: Open University Press.

O'Brien, L. M. (1993). Teacher values and classroom culture: Teaching and learning in a rural, Appalachian Head Start program. *Early Education and Development, 4*, pp. 5-19.

Olson, J. (1982). Dilemmas of inquiry teaching: How teachers cope. In J. Olson (ed.), *Innovation in Science Curriculum: Classroom knowledge and curriculum change*. New York: Nichols (ERIC Document Reproduction Service No. 228 904).

Ornstein, A. C., & Hunkins, F. P. (1998). *Curriculum: Foundations, principles, and issues*. Boston: Allyn and Bacon.

Palincsar, A. S., Brown, A. L., & Campione, J.C. (1993). First-grade dialogues for knowledge acquisition and use. In E. A. Forman, N. Minick, & C. A. Stone (eds.), *Contexts for learning*. New York: Oxford University Press.

Petersen, E. V. (2003). *Early childhood curriculum*. Boston: Pearson Education.

Piaget, J. (1970). *Genetic epistemology* (E. Duckworth Trans.). New York: Columbia University Press.

Piaget, J.(1976). Piaget's theory. In B. Inhelder, & H. Chipman (eds.), *Piaget and his school: A reader in developmental psychology*. New York Springer-Verlag.

Posner, G. J. (1992). *Analyzing the curriculum*. New York: McGraw-Hill.

Post, T. R. (1988). Some notes on the nature of mathematics learning. In T. R. Post (ed.), *Teaching mathematics in grade K-8*. Newton, MA: Allyn and Bacon.

Reid, W. A. (1999). *Curriculum as institution and practice*. London: LEA.

Resnick, L. B. (1983). A development theory of number understanding. In H. P. Ginsbarg (ed.). *The development of mathmatical thinking*. New York: Academic Press.

Rinaldi, C. (1993). The emergent curriculum and social constructivism. In C. Edwards, L. Gandini, & G. Forman (eds.), *The hundred language of children-the Reggio Emilia Approach to early childhood education*. Norwood, N. J.: Ablex.

Rinaldi, C. (2001). Documentation and assessment: what is the relationship? In C. Giudici, C. Rinaldi, & M. Krechevsky (eds.), *Making learning visible: Children as individual and group learners*. 2001 Reggio Children,

the president and fellows of Harvard College, and the Municipality of Reggio Emilia.

Rinaldi, C. (2003). The joys of preschool learning. In M. Tokoro, & L. Steels (eds.), *The future of learning; issues and prorpects* (pp. 57-69). Burke, VA; IDS Press.

Romberg, T. A. (1988). *Changes in school Mathematics: Curricular changes, and indicators of changes*. New Brunswick, N. J.: Eagleton Institute of Politics, the State University of New Jersey (ERIC Document Reproduction Service No. 300 278).

Rogoff, B. (1990). *Apprenticeship in thinking: Cognitive development in social context*. New York: Oxford University Press.

Ryan, S. (2004). Message in a model: Teachers' responses to a court-ordered mandate for curriculum reform. *Educational Policy, 18* (5), pp. 661-685.

Scott, W. (2001). Listening and learning. In L. Abbott, & C. Nutbrown (eds.), *Experiencing Reggio Emilia*. Buckingham: Open University Press.

Shoemaker, B. (1989). *Integrative education: A curriculum for the twenty-first century* (ERIC Document Reproduction Service, ED 311 602).

Smith, A. B. (1996). The early childhood curriculum from a sociocultural perspective. *Early child development and care*, 115, pp. 51-64.

Snyder, J., Bolin, F., & Zumwalt, K. (1992). Curriculum implementation. In P. W. Jackson (ed.), *Handbook of research on curriculum* (pp. 402-435). New York: Macmillan.

Spodek, B., & Saracho, O. N. (2002). New directions in curriculum development. In O. N. Saracho, & B. Spodek (eds.), *Contemporary perspectives on early childhood curriculum* (pp. 261-272). Greenwich, Connecticut: IAP.

Steels, L. (2003). Introduction. In M. Tokoro, & L. Steels (eds.), *The future of learning: Issues and prospects* (pp. 1-9). Burke, VA: IOS Press.

Stenhouse, L. (1975). *An introduction to curriculum research and development*. London: Heinemann.

Tharp, R. G., & Gallimore, R. (1988). *Rousing minds to life: Teaching, learning, and schooling in social comtext*. New York: Cambridge University Press.

Vecchi, V. (1993). The role of the Atelierista. In C. Edwards, L. Gandini, & G. Forman (eds.), *The hundred language of children-the Reggio Emilia Approach to early childhood education*. Norwood, N. J.: Ablex.

Vecchi, V. (ed.) (2002). *Theater curtain: The ring of transformations*. Reggio Children and Municipality of Reggio Emilia Infant-Toddler Centers and Preschools.

Vygotsky, L. (1978). *Mind in society: The development of higher psychological process*. Cambridge, MA: Harvard University Press.

Vygotsky, L. (1986). *Thought and language*. MA: The MIP Press.

Watters, J. J., & Diezmann, C. M. (1997). "This is nothing like School" : Discourse and the social Environment as key component; a learning Science. *Early Child Development and Care, 140*, pp. 73-84.

Wertsch, J. V. (1985). *Vygotsky and the social formation of mind*. London, U. K.: Harvard Univesity Press.

Wiles, J. (1999). *Curriculum essentials: A resources for education*. Needham Heights, MA: Allyn and Bacon.

Wiles, J., & Bondi, J. (1998). *Curriculum development: A guide to practice*. Upper Saddle River, New Jersey: Prentice-Hall.

Wood, D., Bruner, J., & Ross, G. (1976). The role of tutoring in problem solving. *Journal of Child Psychology and Psychiatry, 17*, pp. 89-100.

國家圖書館出版品預行編目資料

幼兒園課程與教學：探究取向之主題課程／周淑惠著
-- 初版. -- 臺北市：心理, 2006（民 95）
面；　公分. --（幼兒教育系列；51085）
參考書目：面

ISBN 978-957-702-871-6（平裝）

1. 學前教育—課程

523.23　　　　　　　　　　　　　　　95001876

幼兒教育系列 51085

幼兒園課程與教學：探究取向之主題課程

作　　　者：周淑惠
執行編輯：陳文玲
總　編　輯：林敬堯
發　行　人：洪有義
出　版　者：心理出版社股份有限公司
地　　　址：台北市大安區和平東路一段 180 號 7 樓
電　　　話：(02) 23671490
傳　　　真：(02) 23671457
郵撥帳號：19293172　心理出版社股份有限公司
網　　　址：http://www.psy.com.tw
電子信箱：psychoco@ms15.hinet.net
駐美代表：Lisa Wu（Tel: 973 546-5845）
排　版　者：辰皓國際出版製作有限公司
印　刷　者：辰皓國際出版製作有限公司
初版一刷：2006 年 3 月
初版五刷：2013 年 2 月
I S B N：978-957-702-871-6
定　　　價：新台幣 200 元